Schriften
der
Hauptstelle Deutscher Arbeitgeberverbände
I

Der

Ausstand der Bergarbeiter im Ruhrkohlenrevier

Januar—Februar 1905

Berichte und Betrachtungen
von
H. A. Bueck und Dr. Leidig

Berlin 1905
J. Guttentag, Verlagsbuchhandlung,
G. m. b. H.

Berlin, den 20. Februar 1905.

Der Ausstand der Bergarbeiter ist beendet. Nach der Zahl der Beteiligten war er der größte in der bisherigen Geschichte der Arbeiterbewegungen. Einzig steht er auch da hinsichtlich der mit ihm verbundenen Nebenerscheinungen. In dieser Beziehung wird er voraussichtlich für alle Zeit Bedeutung behalten als Merkstein für die Verfolgung anderer, als der bisherigen Wege bei Behandlung großer Arbeiterausstände.

Der aus gänzlich unzulänglicher Veranlassung auf den Gruben Bruchstraße und Herkules ausgebrochene Streik breitete sich, wie Flugfeuer auf einem Strohdach im Sturme, mit rasender Schnelligkeit über das ganze niederrheinisch-westfälische Kohlenrevier aus. In wenigen Tagen befanden sich rund 200 000 Arbeiter unter Kontraktbruch im Ausstande. Sie hatten, wie man sich ausdrückte, die Brocken, d. h. ihr Werkzeug, das Gezähe und damit ihr tägliches Brot weggeworfen. Die meisten hatten es getan, ohne für ihre Handlungsweise Gründe angeben zu können, ohne bestimmte Forderungen zu stellen. Sie hatten es getan in einer durch jahrelange systematische Verhetzung erzeugten Wahnvorstellung. Dieser Wahn umfaßte die Vorstellung von einer unerträglich elenden Lage, herbeigeführt durch grauenhafte Mißstände in ihrem Arbeitsverhältnis und von Zugeständnissen, zu denen die Arbeitgeber durch den Ausstand gezwungen werden müßten. Wie gründlich und erfolgreich die langjährige Hetzarbeit gewesen war, geht aus dem Umstande hervor, daß die Mitglieder von vier verschiedenen Arbeiterorganisationen, die keine Beziehungen miteinander hatten, sich teilweise sogar feindlich gegenüber standen, im Ausstande zusammengingen und die in der Mehrheit befindlichen unorganisierten Arbeiter mit sich fortreißen konnten.

Den Führern war die Explosion der mit sehr langer Hand vorbereiteten Mine zu früh gekommen. Mit den Kassen war es schlecht bestellt und die Jahreszeit höchst ungünstig. Wohl hatten sie gewünscht, mit der Unterstützung der vielen Tausend arbeitender Bergleute auf der Stinnes'schen Grube einen Ausstand von unabsehbarer Dauer ins Werk zu setzen und damit der Arbeiterwelt ein nachahmungswertes Schaustück ersten Ranges zu geben. Die vom Wahn erfaßten Massen durchkreuzten diesen schönen Plan. Die machtlos gewordenen Führer wurden Werkzeuge der gewaltigen Bewegung; sie mußten sich an deren Spitze stellen.

Mit dem Strome fortgerissen, bestand ihre erste Aufgabe in Ausfüllung der von den ausständigen Arbeitern gelassenen Lücke durch schleunigste Zusammenstoppelung von 14 Forderungen. Damit sollte dem Ausstande der Anschein der Berechtigung gegeben werden.

Die Arbeitgeber weigerten sich, mit den kontraktbrüchigen Arbeitern bezw. mit deren Führern, die sich im entscheidenden Augenblicke als machtlos erwiesen hatten, über die gestellten Forderungen kontradiktorisch zu verhandeln. Sie erklärten sich jedoch bereit, mit ihren einzelnen Belegschaften in Verhandlung zu treten. Die Arbeitgeber richteten aber an die Bergbehörde bezw. an den Abgesandten des Handelsministers die dringende Bitte, schleunigst eine eingehende Untersuchung der Zustände auf und in den Gruben einzuleiten, und gaben die Zusage, dabei alle denkbare Hilfe zu leisten. Damit waren die Arbeitgeber den auf tunlichst baldige Beilegung des Streikes gerichteten Wünschen der Behörde und aller interessierten Kreise weitgehend entgegengekommen. Denn sie hatten ein gutes Gewissen, sie wußten, daß die behaupteten Mißstände nicht vorhanden waren, und daß sich die gegen sie erhobenen schweren Anklagen als nichtig erweisen würden.

Da die Untersuchung zwar zugesagt, aber vorläufig nicht ausgeführt wurde, so nahm der Ausstand seinen Lauf, und nun begannen die merkwürdigen Nebenerscheinungen. Als erste und zunächst hauptsächlichste trat hervor die Haltung der öffentlichen Meinung. Sie stellte sich mit einer bisher bei ähnlichen Anlässen nicht beobachteten Einmütigkeit und Entschiedenheit an die Seite der ausständigen Arbeiter.

Die öffentliche Meinung stellte, wie die nachfolgenden Ausführungen zeigen dürften, den Ausdruck der zusammengefaßten Empfindung derer dar, die sich aus Mangel an Sachkenntnis bezüglich des vorliegenden Falles ein eigenes bezw. ein zutreffendes Urteil nicht bilden konnten und daher geneigt waren, denjenigen zu folgen, die ein Interesse daran haben, das Urteil der Massen nach der einen oder der anderen Richtung zu lenken. Die öffentliche Meinung beruhte daher nicht auf sachlich begründeter Ueberzeugung, sie war vielmehr ein Produkt der Mache. Damit ist nicht ausgeschlossen, daß die öffentliche Meinung sich außerordentlich machtvoll erweisen kann. Das hat sich im Verlaufe des Ausstandes in seltener Weise gezeigt. Die Macher der öffentlichen Meinung sind fast immer dieselben. Es sind gewisse berufsmäßige Politiker und es ist vor allem die Presse.

In unserem öffentlichen Leben haben seit Jahren die aus dem allgemeinen Wahlrecht hervorgehenden Konsequenzen starken Einfluß ausgeübt. Er ist gewachsen und maßgebend geworden mit der steigenden Teilnahme der Arbeiter am öffentlichen Leben und der zunehmenden Bedeutung der sozialen Fragen. Die Rücksichten auf das allgemeine Wahlrecht haben dahin geführt, daß nur die Interessen, die wirklichen, wie die vermeintlichen, derer beachtet und vertreten werden, die sich im Besitz der meisten Stimmen befinden; das sind die Arbeiter, die Massen. Wer keine Wähler hinter sich hat, ist quantité négligeable. Damit ist die Erklärung für die Haltung der Macher der öffentlichen Meinung im Bergarbeiter-Ausstande gegeben.

Das riesenhafte Anschwellen der Sozialdemokratie hat sich vollzogen durch die Umfassung der Industriearbeiter. Die Industriellen haben so gut wie keine Wähler mehr. Daher sind ihre Interessen bedingungslos preiszugeben. Um so größer ist der Wettlauf um die Gunst der Massen und insbesondere der Arbeiter. Nach diesem Rezept arbeiteten die Macher der öffentlichen Meinung.

Es muß anerkannt werden, daß von den Politikern die Vertreter der konservativen Partei sich einer gewissen vorsichtigen Zurückhaltung befleißigten. Eine Ausnahme machte der Abgeordnete Stöcker. Die freikonservative und Reichspartei, wie deren Organe, traten offen für die Arbeitgeber ein. Auch ein Teil der Nationalliberalen nahm diesen gegenüber zum mindesten eine nicht unfreundliche Stellung ein. Aus dieser Gruppe waren sogar die entschiedensten und wirkungsvollsten Vertreter der Arbeitgeber hervorgegangen. Die übrigen bürgerlichen Parteien und ganz besonders das Zentrum stellten sich dagegen mit aller Entschiedenheit auf die Seite der Ausständigen. Von den Rednern dieser Parteien wurden von vornherein die von den Arbeitern behaupteten haarsträubenden Mißstände als unbedingt vorhanden, die vorgebrachten Klagen als zweifellos begründet, die Forderungen als berechtigt und erfüllbar anerkannt. Höchst bemerkenswert war, daß der Zentrumsabgeordnete Dr. Spahn von seinem juristischen Standpunkte aus sogar den Kontraktbruch beschönigte. Bezeichnend ist auch, daß dieser Abgeordnete eine Aeußerung des Bergwerksbesitzers Stinnes, die niemals gemacht worden war, zu tiefsinnigen Betrachtungen benutzte, um zu beweisen, daß in den Zechenverwaltungen des Ruhrreviers der Geist des Christentums verloren gegangen sei.

Dagegen war die Haltung gegenüber den Arbeitgebern eine durchaus feindselige. Sie unterschied sich von derjenigen der Sozialdemokratie nur durch eine etwas maßvollere Form und Sprache. Die Besitzer und Verwalter der Kohlengruben wurden als halsstarrige, hart- und engherzige Ausbeuter dargestellt, denen nichts an dem Schicksal ihrer Arbeiter, alles an der Größe des Gewinnes liege.

Ebenso war die Haltung der Presse dieser Parteien, nur war der Unterschied zwischen ihr und der sozialdemokratischen Hetzpresse äußerst gering; in nicht wenigen Fällen schwand er gänzlich. Denn gegen die Zechenverwaltungen und ihren Sammelpunkt, den Bergbaulichen Verein in Essen, wurde in aufregender Sprache eine Hetzarbeit sondergleichen betrieben. In dieser Parteipresse war aber doch noch zuweilen ein Anflug von Sachlichkeit und Gerechtigkeitssinn zu finden. Das fehlte gänzlich in der sogenannten parteilosen, der Lokal-Anzeiger-Presse. Diese hauptsächlich darauf eingerichteten Blätter, durch Sensation und Skandal die Massen zu gewinnen, verfuhren mit einer Parteilichkeit sondergleichen. Mit den ausständigen Arbeitern wurde ein förmlicher Kultus getrieben, die Arbeitgeber stets in schärfster Weise verurteilt. Alle Vorgänge, die geeignet gewesen wären das Urteil über die Arbeiter in ungünstigem Sinne zu beeinflussen oder die Zechenverwaltungen in einem besseren Lichte erscheinen zu lassen, wurden systematisch unterdrückt oder nur entstellt wiedergegeben.

Den Gipfel der Sinnlosigkeit, Frivolität und des Frevels erreichten einige Witzblätter. Den Männern, die jene Zeichnungen entworfen, die vergiftenden Texte geschrieben haben, muß in dem stumpfsinnigen Drange nach Umschmeichelung der Massen zum Zwecke des Massenverkaufs ihrer Erzeugnisse der letzte Funken des Bewußtseins einer gewissen Verantwortlichkeit für ihr Wirken im öffentlichen Leben erloschen sein.

So wurde die öffentliche Meinung irregeführt und vergiftet. Und dazu kam noch ein anderes. Die öffentliche Meinung ist gemeinhin gutmütig; sie stellt sich gern auf die Seite der Schwachen und Bedrängten. Daher war es nur natürlich, daß Mitgefühl und Bedauern sich den Arbeitern zuwendeten, die als geknechtet, schlecht und roh behandelt, niedrig gelohnt und durch Hunger zur Verzweiflung getrieben, unablässig dargestellt wurden. Alles das bei einer unendlich schweren und gefährlichen Arbeit unter der Erde. Dieses Arbeiten unter der Erde ist der

Inbegriff alles Schrecklichen und Schauerlichen für alle, die dem Bergbau durchaus ferne stehen und ihn nicht kennen. Mit äußerst vereinzelten Ausnahmen ist das aber die Masse, von der die öffentliche Meinung ausströmt.

Auf die öffentliche Meinung wirkte aber noch eine andere Nebenerscheinung dieses merkwürdigen Ausstandes. Bisher hatte die Leidenschaft bei derartigen gewaltigen Ausständen noch überall und immer zu groben Ausschreitungen und Exzessen, nicht selten zu bejammernswertem Blutvergießen geführt. Bei diesem Streik war es den Führern, die allmählich wieder Macht über die Massen erlangt hatten, gelungen, ihre Leute bis zu einem gewissen Grade in Ruhe und Ordnung zu halten. Darin ist unzweifelhaft ein großer Fortschritt in der Erkenntnis dessen, was zur erfolgreichen Durchführung eines Ausstandes nützlich und notwendig ist, sowohl bei den Führern wie bei den Streikenden selbst zu erblicken. Mit Recht wurde das anerkannt. Aber die Ueberschwenglichkeit der Anerkennung und des Lobes, die selbst von der Ministerbank im Reichstage in lauten Tönen erschallte und die öffentliche Meinung so wesentlich beeinflußte, war übel angebracht. Denn die Ausständigen hatten durchaus nicht darauf verzichtet, die Arbeitswilligen zu bedrängen und deren Recht auf Arbeit zu kürzen. Es ist durchaus nicht nötig, daß sich die Abhaltung der Arbeitswilligen von der Arbeit nur in der Form des Knochenbrechens oder Schädeleinschlagens vollzieht. Es genügte wohl, wenn, um sie vor Mißhandlungen zu bewahren, die Arbeitswilligen von Gendarmen aus ihrer Wohnung abgeholt, dann in geschlossenem Zuge wie Sträflinge unter polizeilicher Bewachung zur Arbeitsstelle geleitet werden mußten, auf dem Wege die Reihen der Ausständigen passierend, von denen sie verhöhnt und verlästert wurden, die vor ihnen ausspien und die Fäuste ballten. Da blieben viele zurück, die gerne gearbeitet hätten, aber diesen entehrenden Marsch nicht mitmachen wollten.

Der Reichskanzler hatte am 20. Januar den Schutz der persönlichen Freiheit als eine besondere Pflicht der Behörden bezeichnet und weiter erklärt: „Wenn der Mensch das Recht zum Streiken hat, so hat er auch das Recht zum Arbeiten, und dieses Recht muß gegen jede Art von Terrorismus nachdrücklich geschützt werden". Trotz dieser beruhigenden Zusicherung war der Schutz der Arbeitswilligen durchaus ungenügend gewesen. Aber die begeisterten Schilderungen des musterhaften Verhaltens der Ausständigen hatten wesentlich dazu beigetragen, die günstige Stimmung der öffentlichen Meinung für sie zu erhöhen.

So kam es, daß in fast allen größeren Städten, unter Führung und Mitwirkung hervorragender Personen aus der bürgerlichen Gesellschaft, angeregt auch von sozialen und politischen Vereinen, Sympathiekundgebungen für die ausständigen Bergarbeiter veranstaltet wurden. Die Grubenverwaltungen wurden dabei immer scharf angegriffen und verurteilt.

Höchst merkwürdig war es, daß dabei immer nur an die wenigen großen, wohl sehr reichen Grubenbesitzer gedacht wurde. Von alters her hat in Westfalen der Bergbau die einzige Quelle des Erwerbes eines sehr großen Teiles der Bevölkerung, sehr zahlreicher Familien gebildet. In den furchtbaren Krisen der 70er und 80er Jahre — von den vorhergegangenen schweren Zeiten gar nicht zu reden — waren im Bergbau viele Millionen verloren gegangen. Was an sonstigem Besitz vorhanden war, wurde zusammengescharrt und als Zubuße geopfert, um die Kaduzierung, d. h. den gänzlichen Verlust der Kuxe abzuwenden. Vielen Familien war es doch nicht möglich gewesen, sie verarmten gänzlich. Andere retteten einen kleinen Besitz, von dem sie leben. So bildet für viele Familien, für Witwen und Waisen, nicht allein in Preußen, sondern im ganzen Reiche, ein kleiner Besitz an Bergwerksaktien oder Kuxe, die einzige Quelle des Einkommens, die einzige Grundlage der Existenz. Diese gehören doch wohl nicht zu den Bergherren, Grubenbaronen und Kapitalprotzen, wie man die Großen benannte, die einzig ins Auge gefaßt wurden, wenn man sich anschickte, die Interessen der Arbeitgeber in schwunghaften Resolutionen leichtfertig zu opfern. Höchst merkwürdig, daß keiner der gegen die Arbeitgeber donnernden Herren Professoren der Nationalökonomie sich dieser Verhältnisse erinnerte.

Der Abgeordnete Dr. Spahn hatte mit vollem Recht seine am 23. Januar im Reichstage gehaltene Rede mit den Worten einleiten können: „M. H. Nach den Verhandlungen, die in zwei Sitzungen hier stattgefunden haben, glaube ich, daß man es als die Ueberzeugung der großen Mehrheit des hohen Hauses bezeichnen darf, daß die Sympathien der deutschen Bevölkerung auf der Seite der Streikenden und nicht der Zechenbesitzer stehen“.

So hatte die öffentliche Meinung Stellung genommen für Arbeiter, die zu den bestbezahlten ihrer Art gehörten, deren Lebenshaltung durchaus befriedigend war, denen schon von Alters her für sich und die ihrigen im Falle von Krankheit, Verunglückung und Tod auskömmliche Unterstützung gesichert war, die unter Kontraktbruch in einen verheerenden, das

Wirtschaftsleben der Nation schwer schädigenden Ausstand getreten waren wegen zu Unrecht erhobener Klagen und Beschwerden. Denn die vorgenommenen amtlichen Untersuchungen haben, nach den bis jetzt veröffentlichten Protokollen, ergeben, daß die behaupteten, von der öffentlichen Meinung ohne weiteres als bestehend angenommenen allgemeinen großen Mißstände nicht vorhanden gewesen, die massenhaft von den Ausständigen beigebrachten Beschwerden grundlos erhoben worden seien.

Aber die öffentliche Meinung ist eine Macht, selbst wenn sie so augenscheinlich, wie in dem vorliegenden Falle, auf Mißleitung und Irreführnng seitens der Macher beruht. Die Wirkung dieser Macht zeigte sich bei der merkwürdigsten der Nebenerscheinungen, bei der Haltung der Regierung diesem Ausstande gegenüber.

Am Schlusse dieses Heftes ist ein von mir verfaßter Artikel abgedruckt. In ihm habe ich auf die peinliche amtliche Ueberwachung hingewiesen, welcher der Bergbau in Preußen unterstellt ist. Bei der Pflichttreue der preußischen Beamten mußte der Minister für Handel und Gewerbe von vornherein überzeugt sein, daß die schweren Mißstände, die als Ursache des Ausstandes angegeben waren, in Wirklichkeit nicht bestanden hatten. Zu Anfang schien es, als wenn der Minister, solcher Ueberzeugung entsprechend, auch seine Stellung dem Ausstande gegenüber nehmen würde. In seiner ersten am 14. Januar im Hause der Abgeordneten gehaltenen Rede bezeichnete er den Streik als überaus planlos, auch einige der vorgebrachten Klagen der Arbeiter als unbegründet; im übrigen erachtete er die Innehaltung der „striktesten Neutralität“ seitens der Bergwerksverwaltung für geboten.

Auch der Reichskanzler hatte sich in seiner Rede vom 20. Januar im Reichstage durchaus nicht auf die Seite der Ausständigen gestellt. Er mißbilligte die Ablehnung der gemeinsamen Verhandlungen seitens der Grubenbesitzer, aber er verurteilte auch den von den Arbeitern begangenen Kontraktbruch. Er stellte fest, daß die Arbeiterorganisationen in Deutschland nicht aus wirtschaftlichen Bedürfnissen entstanden, sondern mit wenigen Ausnahmen wesentlich Werkzeuge der politischen Parteien, Exerzierplätze und Manöverfelder für eine Partei des Umsturzes, eine Schule seien „für die Erziehung der Arbeiter zu jenem Kommunismus, der das Ende unserer Kultur und der Tod der induviduellen Freiheit sein würde". Der Reichskanzler tadelte die Haltung der sozialdemokratischen Presse, die Tag für Tag ganze Wagenladungen Oel ins Feuer gieße. Er meinte schließlich, daß die Partei, die jetzt am lautesten klage — die Partei des Vorredners, des Sozialdemokraten Hue — mit ihren seit Jahrzehnten betriebenen utopischen Hetzereien die Hauptschuldige am Ausstande sei.

Diese Aeußerungen wurden dem Reichskanzler später von den Rednern des Zentrums, als zu scharf gegen die Arbeiter gerichtet, sehr übel vermerkt. Sie zeigen aber, daß der Reichskanzler zu jener Zeit die Ursachen des Streiks und die mit ihm zusammenhängenden tatsächlichen Verhältnisse durchaus richtig beurteilte.

Aber die Haltung der Vertreter der Regierung änderte sich.

Am 16. Januar teilte der Handelsminister dem Hause der Abgeordneten den Inhalt eines Protokolles mit über die von dem Oberberghauptmann mit den Interessenten des Bergbaues geführten Verhandlungen. Es enthielt die bekannte Weigerung der Vertreter der Zechenverwaltungen mit den Delegierten der kontraktbrüchigen Arbeiter kontradiktorisch zu verhandeln, die Gründe für diese Weigerung, das Verlangen, durch eine Untersuchung vollste Klarheit über die Verhältnisse im Kohlenrevier zu schaffen, und die Bereitwilligkeit, jede Aufklärung zu geben.

Im Anschluß an diese Mitteilung erklärte der Minister „morgen sofort" Kommissare zur Einleitung der Untersuchung in das Revier senden zu wollen, verzichtete dann aber darauf, nach irgend einer Seite hin Stellung zu nehmen. Mit den Untersuchungen wurde erst am 30. Januar begonnen.

Unbemerkt ist es nicht geblieben, daß die Vertreter der Königlichen Staatsregierung später mehrfach die Ablehnung der Verhandlungen seitens der Vertreter der Arbeitgeber als einen Fehler bezeichnet und gerügt haben. Dabei haben sie es aber in keinem Falle für angebracht erachtet, des Entgegenkommens zu gedenken, das die Zechenverwaltungen bewiesen hatten durch das Verlangen nach einer strengen Untersuchung und durch die Bereitwilligkeit sie in jeder Beziehung zu fördern.

Auf eine Rede des Abgeordneten Brust, der nach allen Richtungen hin die ausständigen Arbeiter vertreten hatte, erwiderte der Handelsminister am 17. Januar, daß sich kein Boden mehr zum Unterhandeln biete, wenn der Vorredner die Forderungen der Arbeiter samt und sonders für berechtigt erkläre. Der Minister berichtigte mehrere von Brust gemachte Behauptungen, u. a. bemerkte er, daß bezüglich des Nullens in der öffentlichen Meinung vielfach falsche Vorstellungen herrschten, und daß von Ausbeutung der Arbeiter durch das Nullen keine Rede sein könne.

Zwei Aeußerungen des Ministers in dieser Rede müssen als hochinteressant hier besonders hervorgehoben werden. Der Minister wollte über die von den Arbeitern gestellte und von dem Abgeordneten Brust als berechtigt anerkannte Forderung der Minimallohnsätze nicht reden und fuhr dann fort: „Dagegen kann ich ihm wohl sagen, daß eine Verständigung zwischen den Organisationen der Arbeiter und den Arbeitgebern, die er wünscht, einen der essentiellen Streitpunkte bildet, die zwischen den Verbänden der Arbeitgeber und der Arbeitnehmer seit langer Zeit bestehen, und die, wie ich auch früher wiederholt ausgesprochen habe, ohne schwere Kraftprobe nicht ausgeglichen werden können. Solche Dinge kann man nur durchsetzen durch einen schweren Ausstand wie den jetzigen, und dazu vorher Stellung zu nehmen, wäre ein ganz vergebliches Bemühen."

Diese Aeußerungen des Ministers in Verbindung mit seinen nachdrücklichen Erklärungen, unbedingte Neutralität üben zu wollen, waren höchst bedeutungsvoll. Sie können nicht anders gedeutet werden, als daß der Minister, nachdem der erste schnelle Versuch, durch die Bergwerksbehörde eine Verständigung herbeizuführen, gescheitert war, es als das Richtigste erachtete, jede weitere Einmischung zu unterlassen, dem Ausstande, der schweren Kraftprobe, seinen Lauf zu lassen.

Etwas anderes war von einem Manne nicht zu erwarten, der selbst lange Zeit in der Praxis gestanden, Hunderte von Arbeitern beschäftigt, sich seit langen Jahren und besonders während seiner so erfolgreichen parlamentarischen Laufbahn eingehend mit der Sozialpolitik und den Arbeiterfragen beschäftigt hatte. Ohne Zweifel empfand der Minister, was die Arbeitgeber bestimmt voraussagten, daß ohne Einmischung von irgend einer Seite der Ausstand verhältnismäßig schnell und mit voller Gewähr für eine lange Zeit friedlichen und ruhigen Zusammenwirkens von Kapital und Arbeit beendet sein würde.

Zweitens hatte der Minister, einer Beanstandung seitens des Abgeordneten Goldschmidt gegenüber, darauf verwiesen, daß die lange versprochene Novelle zum Berggesetz fertiggestellt und bereits der öffentlichen Kritik ausgesetzt gewesen sei. Diese habe eine Revision erforderlich gemacht, bei der Schwierigkeiten hervorgetreten seien, die noch nicht hätten behoben werden können. Bei der Arbeitsüberhäufung werde er nicht in der Lage sein, das Berggesetz noch in dieser Session zu bringen. Das sollte alles anders kommen.

Inzwischen war der Generalstreik beschlossen und in erheblichem Umfange durchgeführt. Es befanden sich, wie bemerkt, rund 200 000 Arbeiter im Ausstande.

Am 20. Januar aber hatte der Minister noch an der Theorie festgehalten, daß jede Einmischung vom Uebel sei. Auf seine Erfahrungen in Streikangelegenheiten verweisend, hatte er im Reichstage gesagt, er wisse, daß, „wenn man sich einmischen will in Streiks, man in der Regel von beiden Seiten Prügel bekommt".

Auch am 23. Januar scheint der Minister seine Ansicht noch nicht geändert zu haben. Der Abgeordnete Freiherr Heyl zu Herrnsheim hatte bei seinen zahlreichen Vorschlägen auch das Eingreifen der Gesetzgebung verlangt. Darauf erwiderte der Handelsminister: „Der Herr Vorredner möge mir verzeihen, wenn ich auf diese Vorschläge nicht eingehe. Es würde das nicht der Stellung entsprechen, die ich mir von Anfang an vorgezeichnet habe. Jede Aeußerung über die Zulässigkeit von Vorschlägen, wie sie eben gemacht sind, würde eine Stellungnahme bedeuten, von der ich gegenwärtig absehen muß. Ich würde aber jetzt noch der Meinung sein, Gesetze soll man nicht ab irato machen. Aber wenn die Ruhe, wie ich hoffe, in nicht zu ferner Zeit zurückgekehrt sein wird, wird man ganz zweifellos die Lehren aus dem jetzigen Streik ziehen, und dann wird die Zeit gekommen sein, zu erwägen, wo man auch gesetzliche Abhilfe schaffen muß. Der Erlaß der Novelle zum Berggesetz wird ja die ernste Pflicht auferlegen, dabei diese Prüfung eintreten zu lassen."

Danach schien der Minister die Novelle zum Berggesetz erst nach dem Eintritt völliger Ruhe wieder in Erwägung ziehen und einbringen zu wollen.

Die dreitägigen Verhandlungen über den Ausstand auf Grund der Interpellation des Sozialdemokraten Auer und Genossen hatten keinen Zweifel darüber gelassen, daß die übergroße Mehrheit des Reichstages, daß ganz besonders das Zentrum sich mit aller Entschiedenheit auf die Seite der Arbeiter stellte und dringend zu deren Gunsten das Eingreifen der Regierung verlangte.

Zu dieser Zeit aber begann die öffentliche Meinung sich mächtig zu regen. Mit den Sympathiekundgebungen und Sammlungen zu Gunsten der Ausständigen gingen zusammen die Mißtrauenserklärungen gegen die vereinte Kapitalmacht der großen Zechenunternehmungen und gegen die Banken. Der zur Verteidigung ihres Eigentums von den Besitzern der Hiberniaaktien gebildete sogenannte „Trotz-Trust" spielte ein große Rolle.

Berlin war es vorbehalten, die Karikatur auf diese Bewegung zu liefern. Im Zoologischen Garten wurde zu Gunsten der Ausständigen eine Ueberbrettlvorstellung gegeben, in der zu der bunten, leicht geschürzten Gesellschaft von der Gallerie ein schwarz gekleideter Mann herabstieg, um unter frenetischem Beifall der Menge für die Ausständigen und gegen die Arbeitgeber zu sprechen. Es war der bekannte, längst an die Seite der Sozialdemokratie gerückte Pastor Naumann.

Von allen Seiten häuften sich die schärfsten und schmählichsten Angriffe auf die Regierung; es wurde ihr Rat- und Machtlosigkeit zum Vorwurf gemacht.

Das alles war zu viel für eine Regierung, die es seit der vorhängnisvollen Niederlage bei dem Gesetze zum Schutze der Arbeitswilligen aufgegeben hatte, der Sozialdemokratie, und namentlich dem Zentrum in sozialen Fragen ernsten und nachhaltigen Widerstand entgegen zu setzen.

Man hörte von langen Besprechungen zwischen dem Reichskanzler und dem Handelsminister; ein feierlicher Kronrat wurde abgehalten. Am 27. Januar ließ die Regierung durch das Wolff'sche Telegraphenbureau verkünden, daß schleunigst eine Novelle zum Berggesetz eingebracht werden, und durch sie, also durch Gesetz, wesentliche Forderungen der ausständigen Arbeiter „geregelt" werden sollten. Das „geregelt" wurde allgemein, wohl nicht mit Unrecht, in „bewilligt" übersetzt.

Am 30. Januar hielt der Handelsminister im Abgeordnetenhause eine höchst denkwürdige Rede.

Der Zentrumsabgeordnete Stötzel und Genossen hatte einen Antrag gestellt auf Einsetzung einer Kommission zur

Untersuchung der Arbeiterverhältnisse im Kohlenbergbau und auf Einbringung eines Gesetzentwurfes zur Beseitigung der festgestellten (?) Mißstände.

Der nationalliberale Bachmann und Genossen hatte die Bildung einer Kommission beantragt zur Untersuchung der Arbeiterverhältnisse im gesamten preußischen Kohlenbergbau.

Diese beiden Anträge standen auf der Tagesordnung.

Vor dem Eintritt in die Verhandlung sagte der Handelsminister, daß, nach Einbringung des ersten Antrages, die Staatsregierung in der Lage gewesen sei, zu erklären, das sie im Begriff stehe, eine Novelle zum Berggesetz auszuarbeiten, die wesentliche Punkte der Beschwerden der Bergleute gesetzlich regeln wolle, nachdem sich herausgestellt habe, daß im Verhandlungswege nichts zu erreichen war. Er könne die Erklärung hinzufügen, daß die Regierung aufs äußerste bestrebt sein werde, diese Vorlage schleunigst vorzulegen, und er sei weiter ermächtigt, zu erklären, daß dies einstimmiger Beschluß des Staatsministeriums gewesen sei.

Mit dieser Erklärung des Ministers hatte sich die ganze Sachlage geändert. Die streng neutrale Stellung war aufgegeben worden, die Einmischung in den Kampf, nicht auf dem Wege der Zusprache und der Verhandlung, sondern mit Gesetzeskraft, war beschlossene Sache.

Am merkwürdigsten aber war, daß die Regierung mehrfach die sorgfältigste Prüfung und Untersuchung der von den Ausständigen erhobenen Beschwerden und der behaupteten Mißstände feierlich zugesagt hatte. Daraus mußte doch geschlossen werden, daß sie selbst nicht von der Berechtigung jener Beschwerden überzeugt gewesen war. Der

Handelsminister hatte, trotz seines Bestrebens sich neutral zu halten, doch mehrmals unzweifelhaft erkennen lassen, daß er das Vorhandensein der behaupteten Mißstände nicht anerkenne, er hatte daher den Ausstand als planlos bezeichnet.

Demgemäß war es in hohem Grade überraschend, daß die Königl. Staatsregierung nunmehr „wesentliche Punkte der Beschwerden der Bergleute“ als so vollkommend feststehend erwiesen und berechtigt anerkannte, daß eine schleunige Regelung durch Gesetz zugesagt werden konnte.

Das sollte geschehen ohne vorhergegangene Untersuchung. Denn denkwürdig an dieser Rede war weiter der Umstand, daß der Minister, nach Abgabe seiner bedeutungsvollen Erklärung und nachdem er die Antragsteller aufgefordert hatte, unter diesen Umständen auch auf die Erörterung ihrer Anträge zu verzichten, nunmehr auf die erst vorzunehmenden Untersuchungen zu sprechen kam. Es war an einem Montag. Der Minister berichtete, daß der Oberberghauptmann in Dortmund am vergangenen Sonnabend, also am 28. Januar, mit den Vertretern der Ausständigen verhandelt habe. Das Ergebnis dieser Verhandlungen sei gewesen die Einsetzung von 6 Kommissionen, die „mit der größten Beschleunigung die vorgebrachten Beschwerden untersuchen sollten“. „Ich habe die Hoffnung“, so sagte der Minister weiter, „daß bei diesen Untersuchungen eine Klarstellung über die große Mehrzahl der Beschwerden eintreten wird“.

Also Klarheit über die Beschwerden war nicht vorhanden gewesen und dennoch sollten wesentliche Punkte derselben durch Gesetz geregelt werden. Damit hatte der Handelsminister die von ihm für richtig gehaltene Behandlung des Ausstandes, dieser großen Kraftprobe, aufgeben und sich den Anschauungen Mächtigerer fügen müssen.

Am Schlusse seiner Rede gab der Minister der Enttäuschung darüber Ausdruck, „daß die Bekanntgabe der ernstlichen Absicht der Regierung dasjenige, was überhaupt im Verhandlungswege erreichbar gewesen wäre, durch Gesetz zu regeln," daß also die Ankündigung der Novelle zum Berggesetz nicht ausgereicht habe, die Arbeiter zu bewegen, die Arbeit wieder aufzunehmen.

Daß die ausständigen Arbeiter bezw. deren Führer durchaus keine Neigung hatten, wegen des angekündigten Gesetzes den Ausstand zu beenden, daß die Regierung vielmehr scharf zurückgewiesen und dazu noch verhöhnt und verspottet wurde, ist in dem bereits vorerwähnten, am Schlusse dieses Heftes abgedruckten Artikel dargelegt worden. Ebenso ist an jener Stelle bereits ein flüchtiges Urteil über die voraussichtliche Wirkung einer derartigen Gesetzgebung auf die künftige Gestaltung der sozialpolitischen Verhältnisse und auf das Wirtschaftsleben der Nation ausgesprochen worden; darauf soll hier nicht weiter eingegangen werden. An weiteren Besprechungen des Gesetzentwurfes wird es nach dessen Erscheinen nicht fehlen. Bis jetzt ist er noch nicht vorgelegt worden.

Hier soll nur noch gezeigt werden, wie dieser Akt der Staatshoheit unmittelbar von den ausständigen Arbeitern aufgefaßt und beurteilt wurde.

Mit gutem Grunde kann aber hier ausgesprochen werden, daß diese Staatsaktion die bedeutungsvollste und folgenschwerste Nebenerscheinung bei dem großen Ausstande, bei dieser gewaltigen Kraftprobe war, die von den Arbeitern gegen die Arbeitgeber angestellt wurde.

Die Entscheidung ließ nicht mehr lange auf sich warten. Der Streik mußte zusammenbrechen, da er planlos ohne Abwägung der Kräfte begonnen war. Auf den 9. Februar hatte die den Ausstand leitende Siebenerkommission die Delegierten aus dem ganzen Revier nach Essen berufen, um das Ende des Ausstandes zu beschließen. Als einziger Grund wurde absoluter Geldmangel angegeben.

In der öffentlichen Meinung waren die Wogen der Begeisterung für die kontraktbrüchigen Ausständigen wohl sehr hoch gegangen. Mit der Uebersetzung der hochtönenden Sympathiekundgebungen in die Tat haperte es aber stark. Die Ergebnisse der Sammlungen waren ein Tropfen auf heißem Steine. Was konnte die einmalige Unterstützung von einigen hunderttausend Mark helfen bei einem Bedarf, der sich, bei längerer Dauer des Riesenausstandes wöchentlich auf etwa 1 ½ Millionen Mark gestellt haben würde.

Besonders aus der von dem Führer Effert in der Delegiertenversammlung gehaltenen Rede ging deutlich hervor, daß auch von den anderen sozialdemokratischen Organisationen Unterstützung nicht zu erhalten gewesen war. Die Generalkommission der Gewerkschaften hatte die Bittenden mit der Bemerkung zurückgewiesen, daß auch andere Verbände vor einer Bewegung ständen.

So mußte denn die bedingungslose Rückkehr zur Arbeit beschlossen werden. Der extrem sozialdemokratischen Richtung, die ihre Hetzarbeit im Verborgenen fortgesetzt hatte, war es freilich gelungen, einen Teil der Arbeiter zu bewegen noch einige Tage länger zu streiken. Das hatte aber keine Bedeutung. Unter den guten Kameraden machte es auch nichts aus, daß die Führer Sachse und Effert stark verprügelt wurden und 250 000 die Friedensbotschaft verkündende Flugblätter der erregten Menge zum Opfer gefallen waren. Am Montag den 13. Februar waren die Belegschaften ziemlich vollzählig wieder angefahren.

Noch einmal wurde der öffentlichen Meinung Gelegenheit zu gewaltiger Erregung gegeben. Jeder Sachkenner wußte, daß in den während des Ausstandes zu Bruche gegangenen oder sonst in Unordnung geratenen Gruben nicht alle Arbeiter sofort wieder, sondern erst allmählich mit dem Fortschreiten der Ausbesserungen angelegt werden konnten. Ein Teil der zuströmenden Arbeiter hatte daher vorerst abgewiesen werden müssen. Das gab den Herren Zeitungsberichterstattern im Revier Gelegenheit, aufregende Depeschen in die Welt zu senden und alles der Rachsucht, Tücke und Hartherzigkeit der Bergherren zuzuschreiben. Sehr bald konnte man aber doch nicht umhin, den wahren Sachverhalt zuzugeben, womit auch dieser letzte Akt der so unheilvollen parteiischen und irreführenden Berichterstattung aus dem Ausstandsgebiet abgeschlossen war.

Die Führer sprachen aber nicht von dem Ende, sondern nur von einem Waffenstillstand. Die bedingungslose Wiederaufnahme der Arbeit war nicht eine Niederlage, sondern die besonnene Tat des Siegers, der die Regierung **„genötigt“** hatte, was noch niemals dagewesen war, die Bewilligung der von den Arbeitern erhobenen Forderung durch Gesetz in Aussicht zu stellen. Der Streik sei nicht verloren, so hieß es in dem Aufruf der Siebenerkommission, sondern er habe einen großen Erfolg für die Kameraden gehabt. In diesem Aufruf hieß es weiter:

„Sollten die Versprechungen, die man den Bergarbeitern während des Kampfes seitens der Staatsregierung gegeben hat, nicht erfüllt, die Beschwerden unbeachtet, die Mißstände im Bergwerksbetriebe in alter Weise fortbestehen bleiben, dann behält sich die Bergarbeiterschaft vor, so einmütig, wie sie diesen Kampf geführt, aufs neue wieder den Kampfplatz zu betreten, um die Erfüllung ihrer berechtigten Forderungen zu erzwingen. Die Bergarbeiter verpflichten sich, die Stärkung ihrer Organisation energisch zu betreiben, um jederzeit für einen neuen Kampf gerüstet zu sein."

„Kameraden, es ist also nur ein Waffenstillstand beschlossen. Wir sind nicht besiegt, sondern wir brechen den Kampf ab! Sollten die versprochenen Gesetzesreformen nicht zustande kommen, dann wird eine neue Revierkonferenz über das weitere beschließen."

So und ähnlich lauteten die jubelnden Siegesrufe! In der ganzen sozialdemokratischen Presse wurde es laut verkündet, daß der Ausstand die Regierung gezwungen habe, vor der Sozialdemokratie zu kapitulieren. Die Ausständigen haben in der Tat einen großen Erfolg gehabt!

Und das alles ist bewirkt worden durch das Eingreifen der Regierung in einen gewaltigen Kampf, der ohne diese Einmischung nicht einen Tag länger gedauert haben würde, dann aber für lange Zeit endgültig erledigt worden wäre Die Regierung würde, wie der Handelsminister das auch beabsichtigt hatte, nach eingetretener Ruhe besser in der Lage gewesen sein gesetzlich zu regeln, was sie für notwendig erachtete und ohne Verpflichtungen gegen die Arbeiter eingegangen zu sein. Die Durchführung dieser Verpflichtungen kann nicht einmal mit Sicherheit vorausgesetzt werden. Denn ob die gesetzgebenden Körperschaften allen Vorschlägen der Regierung zustimmen werden, kann zweifelhaft sein.

Die Mächtigen der Regierung scheinen von der Annahme geleitet zu werden, daß es gelingen müsse, mit dem gesetzlichen Eingriff die Arbeiter zu befriedigen und zu dauernder Ruhe zu bringen. Das würde eine verhängnisvolle Illusion sein; sie würde Zeugnis ablegen von einer gänzlich unzutreffenden und verfehlten Beurteilung der von der Sozialdemokratie beherrschten Arbeiterverhältnisse. Die an Erhaltung der Unzufriedenheit unter den Arbeitermassen interessierten Agitatoren und Hetzer werden schon dafür sorgen, das von der Regierung Gebotene als durchaus unzureichend, als Bruch der gegebenen Versprechungen, als Verrat darzustellen.

So wird voraussichtlich das auf Grund von eingegangenen Verpflichtungen erscheinende Gesetz sofort den Zündstoff im Kohlenrevier häufen, der ohne das Dazwischentreten der Regierung gefehlt haben würde.

Es ist zu fürchten, daß die Staatshoheit nicht ohne ernstliche und dauernde Schädigung aus dieser Ausstandssache hervorgehen wird. Die übrigen voraussichtlichen Schädigungen sollen hier nicht weiter erörtert werden.

In den parteiischen, die Tatsachen unrichtig darstellenden Berichten, die sofort nach dem Ausbruch des Ausstandes in den Zeitungen erschienen, erblickte ich eine große Gefahr, denn sie waren durchaus geeignet, die öffentliche Meinung irre zu führen. Hier Abhilfe zu schaffen, erschien durchaus notwendig. Ich entschloß mich daher, meinen Stellvertreter, Herrn Regierungsrat a. D. Dr. Leidig mit einem zweiten ihm zur Hilfeleistung beigegebenen Beamten in das Ausstandsgebiet zu entsenden, mit der Aufgabe, streng objektiv über die Vorgänge im Kohlenrevier zu berichten. Dieser Aufgabe ist Herr Leidig getreulich nachgekommen. Es entsprach den in der deutschen Presse herrschenden Zuständen, daß diese Berichte im ganzen nicht viel abgedruckt worden sind. Denn die Wahrheit hätte dazu beitragen können, die öffentliche Meinung in andere Wege zu leiten. Daher sind die Berichte hier zusammengestellt worden, um auf diesem Wege Verbreitung zu finden. Hoffentlich werden diese durchaus sachlichen und objektiven Berichte dazu beitragen, wenn auch nachträglich, die Urteile zu korrigieren, die auf Grund der tendenziösen Zeitungsberichte so schnell gefaßt worden sind.

H. A. Bueck.

Berichte über den Bergarbeiterstreik.

I.

Essen, den 17. Januar 1905.

Gestern nachmittag ist nunmehr, wie erwartet werden mußte, von der Delegiertenversammlung der vier Bergarbeiterorganisationen der Generalstreik erklärt worden und ein sehr erheblicher Teil, aber doch lange nicht alle Bergarbeiter, haben sich dem Ausstande angeschlossen. Von der heutigen Morgenschicht waren etwa 125 000 Mann nicht angefahren und man schätzt für heute abend die Zahl der Ausständigen auf 170 000, so daß also noch immer 100 000 Arbeiter — die Gesamtbelegschaft beträgt 270 000 — ihre Arbeit fortsetzen, allerdings wird damit gerechnet, daß morgen auch das bisher noch ruhige Gelsenkirchener Revier vom Ausstand erfaßt werden wird. —

Charakteristisch an dem bisherigen Verlauf der Bewegung ist zweierlei: Einmal die Planlosigkeit, mit der der Ausstand eingeleitet worden ist. Nachdem auf Zeche Bruchstraße mit dem Streik begonnen war, ging ein Streikfieber durch die Massen, dem die Führer der Arbeiterorganisationen gänzlich machtlos gegenüberstanden. Kaum irgendwo sind von den Bergarbeitern bestimmte Anträge an die Zeche gebracht worden, die Leute haben sich einfach geweigert, weiter zu arbeiten. Die Arbeiterorganisationen versuchen nun ja, die Bewegung wieder in ihre Hand zu bekommen, bis jetzt doch durchaus nicht mit durchschlagendem Erfolg. Am 12. Januar beschloß die Delegiertenkonferenz der Bergarbeitervereine, daß bis heute keine Belegschaft neu in den Streik treten solle; trotzdem haben an jedem Tage sich weitere Belegschaften dem Ausstand angeschlossen. Gestern beschlossen die Delegierten, daß auf einzelnen Gruben, die der Gefahr des Ersaufens und dauernder Stilllegung bei dem Ausstand der Arbeiter ausgesetzt sind, nicht gestreikt werden solle; soeben erhalte ich die Nachricht, daß auch dieser Beschluß von den Arbeitern nicht beachtet worden ist.

Der zweite charakteristische Zug in dem jetzigen Ausstande ist der, daß auch nicht eine einzige Belegschaft ihre Vertragspflichten erfüllt hat; überall ist unter Kontraktbruch in den Streik eingetreten. Das ist doch ganz ungemein beklagenswert, daß 170 000 Arbeiter ihre Vertragspflichten und die Kündigungsfrist für nichts halten, einfach, wie es hier heißt, die „Brocken hinwerfen", von der Arbeit fernbleiben. Daß die Zechenbesitzer sich gegen diesen allgemeinen Vertragsbruch wehren, scheint mir ihr gutes Recht zu sein.

Seinen Anfang hat der Streik bekanntlich auf Zeche Bruchstraße genommen; hier wurde, wegen der vermehrten Belegschaft, eine Verlängerung der Seilfahrzeit auf eine Stunde in Aussicht genommen, wie dies übrigens auf den meisten größeren Zechen der Umgegend auch der Fall war. Die Bekanntmachung an die Belegschaft vom Dezember v. J. wurde damals wegen formeller Fehler zurückgenommen; Anfang Januar wurde dann die Bekanntmachung wiederholt und dabei mitgeteilt, daß die neue Einrichtung am

1. Februar in Kraft treten solle. Die lange Frist zwischen der Bekanntmachung und der Einführung der verlängerten Seilfahrt war um deswillen gewählt worden, damit jeder Bergmann, der mit dieser Einrichtung nicht einverstanden war, am 15. Januar zum 1. Februar sein Arbeitsverhältnis aufkündigen konnte. Wo bei diesem Verfahren ein Kontraktbruch der Zeche zu finden ist, wie der Abgeordnete Brust heute im Abgeordnetenhause behauptet hat, das vermag ich wirklich nicht zu erkennen. Also der Versuch, den Vorwurf des Kontraktbruchs von den Arbeitern auf die Zechenverwaltungen abzuschieben, ist mißglückt.

Wie steht es denn nun mit den Lohnverhältnissen? Im Jahre 1894 betrug der Schichtverdienst eines unterirdisch beschäftigten eigentlichen Bergarbeiters, auf diese kommt es doch zunächst an, durchschnittlich 3,73 M. und der durchschnittliche Jahresverdienst 1102 M., dieser Verdienst stieg andauernd bis 1900, wo die höchsten Löhne gezahlt wurden; der durchschnittliche Schichtverdienst war in diesem Jahre 5,16 M., der durchschnittliche Jahresverdienst 1592 M. Nach Beendigung der damaligen Hochkonjunktur sank auch der Lohn der Bergarbeiter bis 1902, wo der durchschnittliche Schichtverdienst 4,57 M., der Durchschnittsjahresverdienst 1314 M. war. Seitdem ist er wieder dauernd gestiegen. Der durchschnittliche Schichtverdienst betrug 1903 wieder bereits 4,64 M. und im Durchschnitt der ersten drei Vierteljahre 1904, das letzte Vierteljahr ist noch nicht festgestellt, 4,77 M. Von Interesse ist noch, wie viel Arbeiter zu dieser höchstgelohnten Kategorie im Verhältnis zu der Gesamtbelegschaft gehören. Im Jahre 1894 gehörten von insgesamt 148 280 Arbeitern 77 950, im Jahre 1904 von einer Durchschnittsbelegschaft der ersten drei Vierteljahre von 260 730 Arbeitern 130 080 Mann diesen höchstgelohnten Arbeitern an. Der Durchschnittslohn der niedrigst gelohnten Arbeiter ist übrigens heute höher wie jemals. Der durchschnittliche Schichtverdienst dieser Gruppe war 1894 2,72 M., stieg 1900 auf 3,32 M. und beträgt im Durchschnitt der ersten drei Vierteljahre 1904 3,35 M. — Der heutige Tag ist im allgemeinen ruhig verlaufen, immerhin haben auf einer Anzahl Zechen Belästigungen und Angriffe der Arbeitswilligen stattgefunden. Vor allem klagen die Arbeitswilligen aber darüber, daß sie bei ihrem Wege zu und von ihrer Arbeitsstätte eine Kette von Streikposten passieren müssen, die jeden Arbeitswilligen notieren. Das ist ein sehr starker psychischer Druck, sich dem Ausstand anzuschließen. Auch die Kontrolleure der Streikenden sind bereits an der Arbeit. Mir ist heute ein Fall bekannt geworden, wo eine Frau weinend erzählte, daß soeben zwei Streikende in ihrer Wohnung gewesen seien und nach ihrem Manne gefragt haben. Auf die Antwort, er sei in der Grube, haben sie dann erklärt, sei er dies auch morgen, so würden ihm die Knochen im Leibe zusammengeschlagen. — Ich denke, der Mann wird morgen streiken. Streikt dieser Bergmann aber aus Ueberzeugung und freiem Willen?

II.

Essen, den 18. Januar 1905.

Der Streik hat sich heute noch ausgedehnt. Während gestern morgen 122 612 Mann die Arbeit niedergelegt hatten, fehlten heute morgen 175 523 und man nimmt an, daß heute abend etwa 190 000 Mann ausständig geworden sein werden. Zur Zeit sind 203 Schachtanlagen durch den Ausstand ganz oder teilweise stillgelegt. Auch die fiskalischen Bergwerke sind seit gestern in den Ausstand hineingezogen. Auf dem Möllerschacht der Zeche „Gladbek" fehlten heute allerdings nur Wenige, dagegen feierten etwa 7/8 der Belegschaft des Rheinbabenschachtes. Gröbere Unordnungen der Streikenden sind bis jetzt nicht bekannt geworden, es werden aber zahlreiche kleinere Prügeleien und Belästigungen Arbeitswilliger berichtet.

Ich sprach soeben mit einem der führenden Industriellen des Kohlenbergbaues. Ein Verhandeln mit den Delegierten der Arbeiterorganisationen lehnte er lebhaft ab, schon der allgemeine Kontraktbruch der Arbeiter verhindere dies, auch haben die letzten vierzehn Tage ganz offenbar die Ohnmacht der Führer erwiesen, sobald sie sich dem Willen der Massen entgegensetzen. Zudem sei ja noch lange nicht die Hälfte der Bergarbeiter zu den Organisationen gehörig. Entscheidend für die Haltung der Zechenverwaltungen sei aber die grundsätzliche Erwägung, daß die Arbeitgeber bei einem Streik, der widerrechtlich unter Kontraktbruch begonnen sei, und ohne daß irgend welche Forderungen gestellt seien, durch Eintritt in Verhandlungen, für immer darauf verzichten würden, die Leitung ihrer Betriebe in der Hand zu behalten. Jahrelang sei gegen die Zechenverwaltungen von den Arbeiterführern gehetzt worden, nun sei der allgemeine Streik das Ergebnis. Die Zechenverwaltungen haben aber ein gutes Gewissen; es sei nicht wahr, daß allgemeine und erhebliche Mißstände vorliegen; sei von einzelnen Zechen oder einzelnen Beamten etwas verfehlt worden, so sei zu erwägen, daß derartige einzelne Verfehlungen überall vorkommen; man möge dann auf Abstellung und Besserung im einzelnen Falle dringen. Eine Berechtigung, allgemeine Anklagen gegen die Zechenverwaltungen zu erheben, müsse er entschieden bestreiten. Es sei ja auch ganz undenkbar, daß in einer Industrie, die einer derart intensiven staatlichen Beaufsichtigung unterliege, wie der Bergbau, sich dauernde und schwerwiegende allgemeine Mißstände herausbilden könnten. Darin würde doch ein ungemein scharfer Vorwurf gegen die Staatsaufsicht liegen. Jeder Schacht werde dauernd von den Revierbeamten und königlichen Einfahrern kontrolliert, diese Beamten seien über die Verhältnisse im rheinisch-westfälischen Bergbau genau orientiert und könnten der Regierung ohne weiteres über die Tatsachen Aufklärung geben. Die Zechenverwaltungen seien auch durchaus damit einverstanden, daß die staatliche Untersuchungskommission in eingehendster und sorgfältigster Weise von Zeche zu Zeche die tatsächlichen Verhältnisse feststelle; der rheinisch-westfälische Bergbau habe das Licht der Oeffentlichkeit nicht zu scheuen.

III.

Essen, den 20. Januar 1905.

Der Streik scheint jetzt bereits seinen Höhepunkt erreicht zu haben. Etwa dreiviertel der Gesamtbelegschaft, ungefähr 200 000 Arbeiter haben sich dem Ausstande angeschlossen, während 60—70 000 Mann ihre Arbeit fortsetzen. In den größeren Städten, in Essen, Dortmund, selbst in Bochum, merkt man nur wenig vom Ausstande, anders in den kleineren Orten. Ich war gestern in Wattenscheid, wo am Dienstag und Mittwoch erheblichere Angriffe gegen die Arbeitswilligen vorgekommen waren. Auch gestern hatten sich mehrere hundert Streikende in der Nähe der Zechen angesammelt, als die Zeit für die Ausfahrt der Arbeitswilligen herannahte; die Ruhe wurde indes nicht gestört. Ich muß aber doch nach meinen Beobachtungen sagen, ein derartiges „Spießrutenlaufen" durch die Reihen der Ausständigen, aus deren Mitte Zurufe, Ausspeien und ähnliches erfolgte, ist an sich ein ganz ungemein starkes Pressionsmittel auf die Arbeitswilligen, sich dem Ausstande anzuschließen. Die individuelle Freiheit des einzelnen Arbeiters, nach seinem besten Ermessen zu handeln, geht dabei auch ohne Anwendung körperlicher Gewalt verloren, allein die Notwendigkeit, unter polizeilichem Geleit zur Zeche und nach Hause zu gehen, muß auf die Arbeitswilligen deprimierend einwirken. Dabei mehren sich jetzt auch die Angriffe gegen die Arbeitswilligen. Wie sollte es auch anders sein? Unter 200 000 Arbeitern werden immer eine ganze Zahl unruhiger und zu Exzessen neigender Elemente sich befinden, dazu kommt die naheliegende taktische Erwägung, daß jeder Angriff auf einen Arbeitswilligen doch manchen anderen ängstlich machen und ihn zum Anschluß an den Streik bestimmen mag. Jedenfalls sind jetzt bereits eine Reihe ernsterer Verletzungen Arbeitswilliger zu registrieren. — Nach meinen bisherigen Beobachtungen sind die polizeilichen Kräfte zur Bewachung der Zechen und zum Schutze der Arbeitswilligen nicht genügend. Man hat zwei Auskunftsmittel ergriffen, die beide durchaus nicht unbedenklich erscheinen. Die Beamten der Zechen sind als Hülfspolizeibeamte verpflichtet worden, das ist doch nicht die Gewährung des staatlichen Schutzes, sondern lediglich die Organisierung der Selbsthilfe der Zechen, und zudem werden die Ausständigen in dieser Hülfspolizei nur schwer staatliche Organe anerkennen wollen; noch bedenklicher ist die mehrfach geschehene polizeiliche Anerkennung der von den verschiedenen Arbeiterorganisationen bestellten Ordner. Ich gebe durchaus zu, daß diese Ordner sich bemühen, Ausschreitungen zu verhindern, gleichzeitig sind sie aber doch behördlich anerkannte Streikposten und die Organisierung von Streiks gehört meines Erachtens nicht gerade zu den Aufgaben der Polizei. Eine Verstärkung der Polizeimacht halte ich für dringend erforderlich; ein Hinausschieben dieser Maßregel könnte sich schwer rächen und später das Eingreifen des Militärs erforderlich machen.

Gestern und heute fanden in Bochum große Bergarbeiter-Versammlungen statt, in denen Bericht über die Verhandlungen der Arbeiterdelegierten mit den Ministerialkommissaren erstattet wurde. Beide Versammlungen verliefen in Ruhe und Ordnung, die Stimmung war aber wenig zuversichtlich und man gewann aus den Verhandlungen wie der Stimmung der Zuhörerschaft den deutlichen Eindruck, daß die beiden verbündeten Organisationen der christlichen und der sozialdemokratischen Gewerkschaften gar sehr verschiedene Hoffnungen auf den Streik setzen. Es ist schon jetzt ziemlich klar, den christlichen Gewerkschaften wird der Streik schweren Abbruch tun, die Sozialdemokraten sind ihnen in der agitatorischen Art eben immer einen Schritt voran, und die erregten Gemüter der Massen sind jetzt williger, kräftige Agitationsreden „gegen das Kapital" zu hören, als in eine Auseinandersetzung der Berechtigung ihrer einzelnen Forderungen einzutreten. Die gestrige Versammlung in Bochum war von den christlichen Gewerkschaften einberufen worden,

den Erfolg des Abends hatte aber der sozialdemokratische Redner. Nach meinen Beobachtungen hat der Abgeordnete Brust wenig Recht zu der Erklärung, daß die christlichen Gewerkschaften sich unter Umständen von den Sozialdemokraten trennen würden; die Massen werden ihm dann ebenso aus der Hand gleiten, wie sie es bei Beginn des Streiks getan haben.

Ich habe inzwischen mit einer Anzahl älterer Bergleute von verschiedenen Zechen gesprochen, derartige Einzelgespräche beweisen natürlich nicht viel, dazu gehört eine systematische Untersuchung, wie sie nunmehr durch die Ministerialkommission im Gange ist; gegenüber den vielerlei sensationell aufgeputzten Meldungen muß ich meinerseits aber doch feststellen, daß mir wirkliche Mißstände von diesen, gänzlich wahllos angesprochenen Bergleuten nicht mitgeteilt worden sind. Klagen über die Lohnhöhe wurden überhaupt nicht vorgebracht, unter den Abzügen wurden namentlich die Beiträge zu den Knappschaftskassen als zu hoch bemängelt, was doch auf offenbarem Mißverständnis beruht, da es sich hier ja um Zahlungen handelt, die allein den Arbeitern zu gute kommen, und schließlich wurden Einzelbeschwerden erhoben, wie zum Beispiel, daß die Strafen zu schnell festgesetzt werden, wenn nicht genau die Anordnungen der Beamten befolgt würden. Ein alter Bergmann, der schon 1889 mitgestreikt hat und der dem sozialdemokratischen Verbande angehört, faßte seine Anschauung mir gegenüber in die Worte zusammen: ich habe keine besonderen Klagen, aber wenn die andern streiken, mache ich mit. So ist es in der Tat; die Bergleute haben sich gegenseitig in den Streik hineingetrieben.

Der Ausstand beruht eben, soweit ich es bis jetzt beurteilen kann, nicht auf wesentlichen Klagen der Einzelnen, sondern hauptsächlich auf allgemeinen Stimmungen der Massen der Bergarbeiter.

IV.

Essen, den 22. Januar 1905.

Die Situation ist unverändert, die Zahl der Ausständigen hat in den letzten beiden Tagen um mehr wie 1 % abgenommen. Tatsächlich ist die Abnahme noch etwas größer, denn zu den eigenartigen Erscheinungen, die dieser Streik zeitigt, gehört auch die, daß die Arbeitswilligen wechseln, heute erscheint der eine, der dann in den nächsten Tagen wegbleibt, für ihn treten aber wieder andere ein. Anscheinend hängen diese Vorkommnisse mit dem Wohnen in den Zechenkolonien zusammen; die Bergleute, die hin und wieder zur Arbeit erscheinen, wollen verhindern, daß sie die Abkehr und damit ihre Wohnung aufgekündigt erhalten.

Ich habe nunmehr fast alle bedeutenderen Orte des Streikgebiets besucht, das Bild ist überall dasselbe; in den Städten und geschlossenen Ortschaften herrscht, Ruhe und Ordnung, vor den Zechen sammeln sich bei der Ein- und Ausfahrt der Arbeitswilligen größere Scharen feiernder Bergarbeiter, die die Arbeitswilligen verhöhnen und beschimpfen, auf den Landwegen und Chausseen haben bereits eine erhebliche Zahl von Angriffen auf die Arbeitswilligen stattgefunden, daneben geht die Einschüchterung jedes einzelnen fort; ich habe verschiedene Briefe gelesen, in denen Bergleute sich bei den Zechenverwaltungen wegen ihres Nichterscheinens entschuldigen, aus Furcht vor der Rache der Streikenden wagten sie nicht anzufahren.

Immerhin arbeitet ein Viertel der gesamten Belegschaft, etwa 50000 Mann, weiter. Der Schutz dieser 50000 Mann ist meines Erachtens zur Zeit die wichtigste Aufgabe der Staatsgewalt; ich kann nicht anerkennen, daß dieser Schutz in ausreichendem Maße gewährt wird. Die Arbeitswilligen müssen sich auf Umwegen, in Verkleidungen zur Zeche schleichen und ebenso ihre Häuslichkeit wieder zu gewinnen suchen, in fortwährender Furcht vor Mißhandlungen legen sie die Wege zurück, und werden sie erkannt müssen sie die Rache der Ausständigen, jetzt oder später befürchten. Nicht gegen alle diese Unbill kann die Polizei sie schützen, wohl aber kann sie den Arbeitswilligen persönlichen Schutz gewähren und die Wege so überwachen, daß jeder auf ihnen, wie sonst, sicher und unbehelligt verkehren kann. Dazu reichen die vorhandenen Polizeimannschaften nicht aus; ein Landrat hat einer Zeche auf ihren Wunsch um ausreichenden Schutz erklärt, der Osten könne nicht mehr Gendarmen abgeben, er sei daher nicht in der Lage, dem Ansuchen zu willfahren. Nun gut, dann kommandiere man ältere Unteroffiziere aus der Truppe zum Sicherheitsdienst; in wenigen Tagen werden sich die Angriffe auf die Arbeitswilligen zweifellos stark vermehren, das ist auch die Ansicht einheimischer Polizisten, es ist dringend notwendig, bei Zeiten ausreichende Vorbeugungsmaßregeln zu treffen.

Geradezu frivol nimmt sich gegenüber den Zuständen, wie sie tatsächlich hierorts bestehen, die Notiz des Berliner Tageblatts aus, daß die Absendung von Polizeimannschaften nach dem Ruhrgebiete überflüssig und diese

Beamten in Berlin viel nötiger seien als an der Ruhr. Ich wünsche den Redakteuren des Berliner Tageblatts nicht, daß sie auch nur 1% der Prügel und Wunden erleiden, die hier bereits an Personen ausgeteilt sind, die nichts anderes begangen haben, als daß sie ruhig ihrer Arbeit nachgehen.

Der Hinweis in meinem letzten Bericht, wie bedenklich die Anerkennung der gewerkschaftlichen Ordner als polizeilicher Hilfsorgane sei, ist inzwischen auch von anderer Seite aufgenommen worden und die Tatsachen haben meine Auffassung bereits bestätigt. Heute wird berichtet, daß der Oberbürgermeister von Essen sich genötigt gesehen habe, seine Anerkennung der Ordner zurückzuziehen, da sie Arbeitswillige belästigt haben.

V.

Essen, den 23. Januar 1905.

In diesen Tagen, namentlich aber heute, findet die Auszahlung des Restlohnes an die Bergleute für die im Dezember verfahrenen Schichten statt. Die Bergleute erhalten somit für die nächste Zeit Geld in die Hand, und man wird für die nächsten Tage wohl wieder auf eine Zunahme der Ausständigen rechnen müssen. Der heutige Tag an sich beweist allerdings nicht viel, da am Montag auch in ruhiger Zeit immer viel Feierschichten, namentlich der jüngeren Bergarbeiter, vorkommen. Es sind heute 1633 Arbeiter mehr ausständig wie Sonnabend, der Höhepunkt der Ziffer der Ausständigen vom letzten Donnerstag ist also selbst heute nicht wieder erreicht worden. Insgesamt sind heute ausständig 195071 Mann, während 45 905 Mann weiter arbeiteten.

Ich sprach heute mit einem der Direktoren des rheinisch-westfälischen Kohlensyndikats. Selbstverständlich verfolgt man dort den Verlauf des Ausstandes mit großer Aufmerksamkeit, aber unmittelbar hat das Kohlensyndikat mit dem Ausstande nichts zu schaffen. Es sei erstaunlich, daß selbst große und sonst unterrichtete Zeitungen, wie z. B. die Münchener Allgemeine Zeitung, stets das Kohlensyndikat in die Erörterungen über den Ausstand hineinziehen, während das Syndikat doch lediglich eine technische Vertriebsorganisation für die Kohlenförderung der ihm angeschlossenen Zechen sei und mit der Ordnung der Arbeitsverhältnisse in keiner Weise befaßt werde. Die Folgen des Ausstandes wirken natürlich durch die verminderte Kohlenförderung auf die Geschäftstätigkeit des Syndikats erheblich ein. Man bemühe sich nach Möglichkeit, den Anforderungen der Industrie entgegen zu kommen. Neben der Abgabe von den Lagern des Syndikats habe man auch bereits größere Quantitäten ausländischer Kohle den Abnehmern anstellen können. Von einem Teil seien aber die Anstellungen englischer Kohlen als zu teuer abgelehnt und erklärt worden, man glaube sich anderwärts billiger eindecken zu können. Natürlich hindere das Syndikat seine Abnehmer darin nicht, die entgegengesetzte, vereinzelt in den Zeitungen aufgestellte Ansicht sei bereits öffentlich widerlegt worden.

Der Bergbauverein verbreitet im Bezirk ein Flugblatt, das die Anträge des christlichen und alten Gewerkschaftsverbandes aus den Jahren 1897, 1899, 1900 und 1903 nebst den darauf erteilten Antworten enthält. Das

Flugblatt ist die Antwort auf eine Erklärung des Revierkomitees der vier Bergarbeiterverbände, worin es heißt:

> Seit dem Jahre 1896 haben die Bergarbeiterverbände wiederholt den Verein der Werksbesitzer um Unterhandlungen über die Bergarbeiterbeschwerden gebeten. Entweder gaben die Herren gar keine Antwort oder lehnten rundweg ab.

Demgegenüber beweisen, so heißt es in dem Flugblatt des Bergbauvereins, die Akten des Bergbauvereins, daß diese Schreiben durchweg sorgfältigster Prüfung unterzogen und durch Erteilung der Antwort erledigt wurden. Nach Abgang der Antwort an die Antragsteller ist den zahlreichen Zeitungen zugleich mit dem Abdruck der Schreiben ein ausführlicher Protokollauszug zugegangen, in der Absicht, die breiteste Oeffentlichkeit rasch und eingehend über die Anträge der Verbände wie deren Erledigung durch den Bergbauverein zu informieren.

Die Anliegen der Verbände und die Stellung des Bergbauvereins dazu ergeben sich am besten aus den wesentlich gleichlautenden Eingaben beider Verbände vom 16. Februar 1900. In der Eingabe des Zentralvorstandes des Gewerkvereins der christlichen Bergarbeiter werden als Forderungen der Ruhrbergleute die folgenden bezeichnet:

„Es wird vielseitig von den Bergleuten beklagt, bei der Bemessung der Löhne herrsche große Parteilichkeit. Ein Drittel der Belegschaft erhielt gute Löhne, das zweite Drittel mittelmäßige und das letzte Drittel unauskömmliche Löhne. Der Unterschied in der Entlohnung sei durchaus nicht immer das Ergebnis des Unterschiedes in der Leistung der Arbeiter. Manche Arbeiter seien trotz größter

Anstrengung nicht in der Lage, den amtlich angegebenen Durchschnittslohn zu erzielen.

Es wird zugegeben, daß in den letzten Jahren die Löhne durchschnittlich gestiegen sind, doch ist es eine unbestreitbare Tatsache, daß Tausende von eigentlichen Bergarbeitern nicht im Verhältnis der teueren Lebenshaltung entlohnt werden; ganz zu schweigen von Arbeitern über Tage. Daher könnte ein besserer Ausgleich und die Erhöhung der Schichtlöhne nur günstig auf die hiesigen Arbeiterverhältnisse einwirken.

Vielseitig wird von den Bergleuten darüber geklagt, daß troß gegenteiliger Behauptungen, auf den Ruhrzechen die Arbeiter durch die verschiedensten Mittel veranlaßt werden, Ueberschichten zu verfahren. Es wird entweder ohne weiteres befohlen, länger zu arbeiten, oder die Arbeiter, welche rechtzeitig ausfahren wollen, müssen sich hierzu eine Bescheinigung einfordern, was mit Umständen verknüpft ist. Es muß daher Sorge getragen werden, daß den Belegschaften auch tatsächlich die Ausfahrt unbehindert frei steht, wenn sie nicht überarbeiten wollen.

Immer noch laufen Beschwerden darüber ein, daß die Arbeiter stellenweise von den Betriebsbeamten inhuman behandelt und sie mit Titulaturen belegt und mit Aufforderungen bedacht würden, die hier aus Anstandsgefühl nicht wiedergegeben werden können. Es muß dieses Verfahren seitens der Grubenbeamten unbedingt verurteilt werden, da es den redlich denkenden und handelnden Arbeiter aufs tiefste verletzten und empören muß. Daher ist die dringende Forderung der Arbeiter, solche Unanständigkeiten beseitigt zu sehen.

Immer mehr schwindet die alte, schöne Sitte, den Arbeitern gute und tunlichst billige Brandkohlen zu überlassen. Es werden den Arbeitern stellenweise Brandkohlen nur noch mit Preisaufschlag überlassen. Dabei sind diese Kohlen dann vielfach noch minderwertig und unbrauchbar und werden nur in bestimmter Quantität abgegeben, so daß die Arbeiter gezwungen sind, einen Teil ihres Heizbedarfs zu noch teureren Preisen zu kaufen.

Die Behandlung von Verletzten ist auf manchen Gruben eine sehr mangelhafte. Es fehlt da an sachkundigen Personen und zweckmäßigen Transportgeräten für Verletzte. Eine schlechte Behandlung verletzter Kameraden wirkt unbedingt erbitternd auf die Bergleute, zumal man weiß, daß auf dem Gebiete des Sanitätswesens große Fortschritte gemacht, aber auf den meisten Gruben noch nicht zur Aus- oder Einführung gelangt sind. Allgemein geht die Forderung dahin, auf allen Werken die sanitären Einrichtungen zu treffen, wie sie von der Zeche „Shamrock" bei Herne schon länger eingeführt sind. Diese Forderung ist unbestreitbar eine von humanitärem und rein menschlichem Standpunkte aus vollständig berechtigte.

Die Säuberung der Waschkauen läßt auf manchen Werken vieles zu wünschen übrig. Es fehlt da vielfach an reinlichem und zweckdienlichem Wasser und der Vorrichtung, immer frisches Wasser zu haben. Daher ist die Schaffung von Brausebädern zu einem unabwendbaren Bedürfnis geworden und wird auch von der Königlichen Bergbehörde erstrebt.

Manche Kauen sind räumlich viel zu klein, so daß beim Umkleiden der Arbeiter diese sich gegenseitig wieder beschmutzen. Auch in Bezug auf die Sauberkeit hört man viele Klagen. Die Umkleideräume bilden vielfach Sammelorte für allerhand Ungeziefer, daß die Arbeiter dann in den reinen Kleidern mit in ihre Behausung bringen, und so auch die Arbeiterwohnungen verunreinigt werden.

Weiter mangelt es dann an genügenden Vorrichtungen zum Trocknen der nassen Grubenkleider, so daß diese vielfach wieder so in Benutzung genommen werden müssen, wie sie tags vorher abgelegt sind. Dieses ist aber der Gesundheit der Arbeiter sehr nachteilig.

Endlich ist die Ueberwachung der Umkleideräume meistens eine sehr mangelhafte, so daß öfters Kleider gestohlen werden, was bei verschließbaren Einrichtungen zur Aufbewahrung der Kleider und ständiger Ueberwachung der Räume mehr vermieden werden könnte.

Das Fehlen solcher auf manchen Gruben ist ein sehr empfindlicher Uebelstand, der zu berechtigten Klagen Anlaß gibt. Dieses beweisen die Verhandlungen vor den Spruchkammern des Berggewerbegerichts. Oefters wird den Bergleuten nach vollbrachter Schicht das Gezähe entwendet nnd haben dieselben in den meisten Fällen dafür aufzukommen. Die Arbeiter können sich da vor Dieben nicht schützen, weil ihnen die Mitnahme der Gezähestücke untersagt ist.

Ein Mangel bezüglich der Aufbewahrung des Gezähes ist auch, daß vielfach keine vertrauenswürdige Personen mit der Ausgabe desselben beauftragt werden. Es wird falsches oder fremdes Gezähe den Arbeitern überreicht, die solches dann für sich behalten oder umkommen lassen. Daher ist eine genaue Kontrolle bei der Ausgabe des Gezähes am Platze.

Erfreulich ist, daß eine Anzahl Zechen dem berechtigten Anspruch der Belegschaften schon entsprochen hat und sie an der Verwaltung der Unterstützungskassen teilnehmen läßt. Hierdurch wird vieler übler Nachrede und unbegründeten Verdächtigungen die Spitze abgebrochen. Die Gelder der Unterstützungskassen werden ja auch zum größten Teile von den Arbeitern aufgebracht, weshalb deren Mitverwaltung der Billigkeit und Gerechtigkeit entspricht. Auch kann durch die Mitverwaltung seitens der Arbeiter die nötige Disziplin auf den Werken nicht beeinträchtigt werden; vielmehr wird letztere dadurch gestützt."

Darauf erging am 1. März die nachstehende Antwort des Bergbauvereins:

„Die Eingabe vom 16. v. M. ist Gegenstand der Verhandlung in der heutigen Sitzung des Vorstandes des unterzeichneten Vereins gewesen und wird auf Grund derselben folgendes erwidert:

Wir können eine Berechtigung des (Titel) namens der „Ruhrbergleute" Forderungen aufzustellen, nicht anerkennen. Nichtsdestoweniger wollen wir aber unseren Standpunkt zu den einzelnen erhobenen Forderungen Ihnen nachstehend bekanntgeben.

Zu 1. Was die Lohnfrage betrifft, so wurde bereits bei früherer Gelegenheit (vergleiche unser Schreiben vom 2. März 1897) darauf hingewiesen, daß die Feststellung der Löhne, wie die Lohnfrage überhaupt, sich der Kompetenz des unterzeichneten Vereins entzieht. Die Feststellung der Löhne ist vielmehr ausschließlich Sache jeder einzelnen Grubenverwaltung, welche die Löhne mit den bei ihr in Arbeit stehenden Bergleuten vereinbart und hierbei durch den unterzeichneten Vorstand nicht beeinflußt werden kann. Jeder Arbeiter, welcher eine andere Bemessung seines Lohnes für wünschenswert erachtet, wird sich daher zweckmäßig an diejenige Zeche, bei welcher er in Arbeit ist, zu wenden haben, und kann er daselbst, wie bisher, der wohlwollendsten Erwägung seiner Ansprüche versichert sein. Die dortseitige Eingabe gibt zu, daß in den letzten Jahren die Löhne durchschnittlich gestiegen sind, und der unterzeichnete Verein ist der Ueberzeugung, daß bei einer Fortdauer der dermaligen günstigen Konjunktur und sofern Störungen im wirtschaftlichen Leben vermieden werden, ein weiteres Steigen der Löhne eintreten wird. Wenn dortseits aber behauptet wird, daß bei der Bemessung der Löhne vielseitig große Parteilichkeit herrsche, so vermag der unterzeichnete Verein diese Behauptung mit Bezug auf ihre Richtigkeit nicht zu prüfen. Es erscheint indessen ganz unwahrscheinlich, daß Bergleute, welche eine parteiliche Feststellung ihres Lohnes vorauszusetzen Anlaß haben sollten, dies ruhig hinnehmen und nicht vielmehr vorstellig werden oder Arbeit auf einer benachbarten Zeche nehmen, was bei den heutigen Verhältnissen in jedem Falle ohne Schwierigkeit ausführbar ist.

Zu 2. Was die Frage der Ueberschichten betrifft, so kann der unterzeichnete Verein lediglich bestätigen, daß auch nach seiner Ueberzeugung Ueberschichten nur freiwillig zu verfahren sind, abgesehen von den durch die Arbeitsordnung und das Berggesetz festgestellten Ausnahmen.

Zu 3. Daß die Behandlung der Arbeiter eine anständige sein soll, ist selbstverständlich, auch die Ansicht des unterzeichneten Vereins. Derselbe könnte gegenteilige Vorkommnisse nicht billigen, muß aber im gegebenen Falle Beschwerde bei der betreffenden Zechenverwaltung anheimstellen.

Zu 4. Soweit dem unterzeichneten Verein bekannt, werden gute Brandkohlen nach wie vor in liberaler Weise größtenteils und erheblich unter den Selbstkosten, den Arbeitern überlassen.

Zu 5—7. Die geforderten sanitären Einrichtungen bestehen zu einem großen Teil auf den Zechen und bilden überdies den Inhalt einer bereits vor geraumer Frist vor Aufstellung der vorliegenden Forderungen im Königlichen Oberbergamt ausgearbeiteten Verordnung betreffend Maßregeln zum Schutze der Gesundheit der Bergleute sowie zur ersten Hilfeleistung bei Unfällen. In der Begründung zu dieser Verordnung heißt es unter anderen:

> „Es ist bekannt, daß auf einem großen Teil der Zechen des Oberbergamtsbezirks Dortmund schon jetzt Einrichtungen bestehen, die den Forderungen dieser Bergpolizeiverordnung in allen Beziehungen entsprechen, ja zum Teil weit darüber hinausgehen."

Die jetzt im Entwurf vorliegende Bergpolizeiverordnung wird voraussichtlich in kurzer Zeit in Kraft treten, und werden demgemäß die in derselben enthaltenen Maßregeln auch bei den Zechenverwaltungen, wo es an solchen noch gebricht, in absehbarer Zeit zur Ausführung gelangen.

Zu 8. Die Stellung von Gezähekisten, welche eine sichere Aufbewahrung der Gezähestücke ermöglichen, ist auf allen Zechen üblich. Freilich wird es nie möglich sein, vollständig diebessichere Gezähekisten anzuschaffen, welche vor gewaltsamer Entwendung von Arbeitsgerät schützen.

Die Diebstähle fallen stets unlauteren Elementen der Belegschaft zur Last, und das Bestreben auch der letzteren wird es sein müssen, derartige Elemente zur Anzeige zu bringen und aus den Belegschaften zu entfernen.

Zu 9. Die Verwaltung der Zechenunterstützungskassen vollzieht sich gegenwärtig nach den vom Königlichen Oberbergamt aufgestellten Normen, und sind die Belegschaften durch Vertrauensmänner bei der Mehrzahl der Zechen an der Verwaltung der Kassen beteiligt."

Im Jahre 1903 hatte sich dann der christliche Bergarbeiterverein wieder an den Bergbauverein gewandt und hinsichtlich der Maßnahmen gegen die Wurmkrankheit, die er auf die Einschleppung durch die fremdländischen Arbeiter zurückführt, mitgeteilt, daß er die Aufhebung der bergpolizeilichen Anordnung beantragt habe, wonach bei einer Zeche ankehrende Bergleute auf ihre Kosten ärztlich nachweisen müssen, daß sie nicht mit den Wurmeiern behaftet seien. Ferner ersucht der Verband den Bergbauverein, auf die Vereinswerke dahin einzuwirken, daß sie die feiernden Wurmkranken materiell völlig schadlos halten und ihnen, wenn sie wegen der Krankheit feiern müssen, zum Krankengeld der Knappschaft soviel Zuschuß geben, daß sie mit demselben und dem Krankengeld soviel Einkommen haben, als ihr bisheriger Lohn betrug.

Das veröffentlichte Protokoll der Sitzung des Bergbauvereins vom 20. Juni 1903, in der über diese Eingabe verhandelt wurde, besagt folgendes:

Nach den Erfahrungen im Bezirk und den Feststellungen der Staatsregierung erweist sich die Behauptung, daß die Heranziehung von ausländischen Arbeitern die

Ausbreitung der Wurmkrankheit herbeigeführt hätte, als völlig unhaltbar und damit fallen auch alle daran von dem Gewerkverein geknüpften Folgerungen. Ein Grund, die ausländischen Arbeiter von der Bergarbeit auszuschließen, lag nicht vor, da alle das vorgeschriebene Gesundheitsattest vor Anlegung zur Arbeit beigebracht hatten. Auch nach den Feststellungen der Staatsregierung sei als die wesentlichste Ursache des Umsichgreifens der Krankheit der starke Wechsel der Belegschaften anzusehen; es habe durchschnittlich jeder Mann der Belegschaft im Laufe eines Jahres die Zeche einmal gewechselt, daneben lasse sich nicht verkennen, daß auch die Belegschaften sich bis in die jüngste Zeit außerordentlich gleichgültig gegen die Maßnahmen zur Bekämpfung der Krankheit verhalten haben, wie dies auch die wiederholten Warnungen in der Arbeiterpresse beweisen.

Die Werksbesitzer, so heißt es weiter, können für sich in Anspruch nehmen, daß sie ihrerseits die zur umfassenden Bekämpfung der Krankheit erforderlichen Maßnahmen nachhaltig verfolgt und den Allgemeinen Knappschaftsverein zu Bochum zu kräftigerem Vorgehen gegen die Krankheit angespornt haben. Der auf Grund dieses Antrags beim Knappschaftsverein alsbald eingesetzte Ausschuß hat aber nach kurzer Tätigkeit seine Arbeiten einstellen müssen, weil die Arbeitervertreter im Knappschaftsvorstande die vorgeschlagene Anstellung von Bezirksärzten ablehnten, deren Hauptaufgabe die prophylaktische Bekämpfung der Wurmkrankheit sein sollte. Wenn den einzelnen Mitgliedern der Belegschaft beim Wechseln der Zeche für das vom Königlichen Oberbergamt vorgeschriebene Attest nunmehr Kosten erwachsen, so sei das nur eine Konsequenz der derzeitigen

Ablehnung der Bezirksärzte durch die Arbeitervertreter im Knappschaftsvorstande. Wären diese Aerzte zur Anstellung gelangt, so hätten sie die Untersuchung der Leute vor dem Belegschaftswechsel vorzunehmen gehabt.

Die Veröffentlichung des Bergbauvereins schließt mit einem äußerst aggressiv gehaltenen Schreiben des alten (sozialdemokratischen) Bergarbeiterverbandes vom 5. August 1903, in dem den Bergwerksverwaltungen zum Beispiel geradezu betrügerisches Verfahren beim Wagennullen vorgeworfen wird und mit einer kurzen Ablehnung des Bergbauvereins, auf diese Eingabe einzugehen.

VI.

Essen, den 25. Januar 1905.

Gestern sprach ich mit einem der Führer des christlichen Gewerkvereins der Bergarbeiter. Er war natürlich mir gegenüber hoffnungsfreudig und meinte, die Bergarbeiter würden unschwer noch 14 Tage im Ausstande aushalten können. Den Vertragsbruch der Arbeiter bei Beginn des Streiks bedauerte auch er, wußte aber keinen Weg anzugeben, diesen Fehler wieder gut zu machen. Als Ursache des Ausstandes wollte mein Gewährsmann die bekannten Klagen über die schroffe Behandlung der Bergleute durch einen Teil der Unterbeamten, das Wagennullen und die Lohnverhältnisse angesehen wissen. Er gab dabei offen zu, daß der Durchschnittslohn auskömmlich sei und daß von einem Teil der Hauer sogar recht hohe Löhne verdient werden, eine weitverbreitete Klage sei aber die Ungleichmäßigkeit in der Lohnhöhe derselben Arbeiterkategorie.

Er glaubte hier einen Gegensatz zwischen den zugewanderten Bergarbeitern und dem einheimischen westfälischen Bergmann zu finden. Gerade der einheimische Bergmann, der vor schwierigeren Orten arbeiten müsse, weil nur er dieser Arbeit gewachsen sei, beziehe infolge der häufig mechanischen Lohnfestsetzung geringeres Gedinge, wie der zugewanderte, bei der Eigenart seiner Arbeit fördere er dabei leichter unreine Kohle wie jener, so daß ihm verhältnismäßig viel Wagen genullt werden, endlich fühle sich der einheimische Bergmann auch leichter durch schroffe Behandlung verletzt wie der aus dem Osten zugewanderte Arbeiter. Durch diese Verhältnisse sei weitverbreitete Mißstimmung entstanden, die zum Ausstande geführt habe, als die Differenzen auf der Zeche Bruchstraße die Veranlassung zum Streik gegeben hatten. Die Bergarbeiterschaft erhoffe Besserung hinsichtlich aller ihrer Beschwerden durch Anerkennung der Arbeiterorganisationen und Einsetzung von Arbeiterausschüssen auf jeder Zeche.

Von einer Einwirkung der Agitation auf den Ausbruch des Ausstandes wollte der Gewerkvereinsführer selbstverständlich nichts wissen.

Ich wies ihn darauf hin, daß die Tatsachen doch mit seinen Ausführungen nicht gut zu vereinigen seien. Wenn in der Tat die Mißstimmung eines Teiles der Bergarbeiterschaft wegen ihrer verhältnismäßig schlechten Lage gegenüber den zugewanderten Bergleuten die Ursache zur Arbeitseinstellung gewesen wäre, dann sei doch ganz unbegreiflich, daß auch die bevorzugten Teile der Bergarbeiter an dem Ausstande teilnehmen; ebenso sei doch gar nicht anzunehmen, daß die unorganisierten Arbeiter, die noch mehr wie die Hälfte ausmachen, einen Ausstand mit dem

Ziele auf Anerkennung der Arbeiterorganisationen einleiten würden, dieser Erfolg würde sich ja gerade gegen die Unorganisierten richten. Die Erklärung, die mir für diese Erscheinungen gegeben wurde, die an den Zielen des Ausstandes Unbeteiligten streiken aus Solidarität mit, besagt natürlich recht wenig, zumal, wie gesagt, diese „Unbeteiligten" nach den eigenen Darlegungen des Arbeiterführers die Mehrheit der Streikenden bilden.

Die mir angegebenen Ursachen des Ausstandes können demnach nicht die wirklichen sein. Ein abschließendes Urteil über die Ursachen des Streiks und seiner Ausdehnung zu dem allgemeinen Ausstande ist vor Beendigung der von der Staatsregierung angeordneten Untersuchung nicht wohl abzugeben, immerhin mag es gestattet sein, aus den mannigfachen Beobachtungen, die ich hier gemacht habe, gerade jetzt, wo der Ausstand einen gewissen Stillstand in seiner Ausbreitnng erlangt hat und wo nun die Tendenz des Zurückebbens bald eintreten wird, einige Folgerungen zu ziehen.

Auffällig ist zunächst die völlige Parallelität der Entwickelung des jetzigen Ausstandes zu der des Ausstandes vom Jahre 1889. Zum Beweise dafür einige Angaben im Anschluß an den Bericht der damaligen staatlichen Untersuchungskommission:

> Damals erfolgte der Streik in den ersten Maitagen ohne erkennbare äußere Veranlassung auf einer Anzahl Gruben, woselbst ein Teil der Belegschaft, meist Schlepper, die Einfahrt verweigerte. Die mit großer Geschwindigkeit von Westen nach Osten fortschreitende Bewegung umfaßte bereits am 10. Mai 70 Zechen mit etwa 60 000

Arbeitern. In den nächsten Tagen wurden auch die im Osten und Süden des Kohlenbezirks belegenen Gruben von der Bewegung ergriffen. Abgesehen von der allgemeinen Forderung der Lohnerhöhung mangelte es an jeglicher Bestimmtheit in der Fassung der gestellten Forderungen. Auch 1889 war der Ausstand mit Bruch der Verträge begonnen worden.

Die Aehnlichkeit der jetzigen Situation tritt, wie ich glaube, klar hervor, nur daß jetzt eine Reihe von Belegschaften überhaupt keine Forderungen gestellt haben. Denn daß die nachträglich formulierten Forderungen nicht die eigentlichen Ursachen des Ausstandes wiedergeben, erhellt schon daraus, daß sie allein von den Führern der verschiedenen Arbeiterorganisationen, ohne Hinzuziehung der 150 000 unorganisierten Bergarbeiter, aufgestellt worden sind. Soweit ich es zu überschauen vermag, sind zwei allgemeiner verbreitete Klagen vorhanden; gegen das Wagennullen besteht eine weitverbreitete Abneigung, und die m. E. sehr berechtigten Ausführungen des Bergbauvereins, daß das Wagennullen an sich eine mildere und gerechtere Strafe sei als Geldstrafen, finden in der Belegschaft keinen Widerhall, weil bei einem recht großen Teil ein tiefes Mißtrauen gegen die Unparteilichkeit, auch wohl gegen die Sachkunde der mit dem Wagennullen betrauten Unterbeamten besteht. Die zweite allgemeinere und gewiß nicht völlig unberechtigte Klage ist dann die Beschwerde über die häufiger wie früher schroffe Behandlung der Bergleute durch die Steiger. Es hängt dies mit der schnellen Vermehrung der Belegschaft, ihrer veränderten Zusammensetzung und dem eine Zeitlang vorhandenen Mangel an Steigern zusammen, alles Gründe, die ähnlich für die Beurteilung der Unteroffizierfrage im deutschen Heere gelten, und in beiden Fällen zu ähnlichen Klagen Anlaß gegeben haben. Dazu treten dann natürlich eine Reihe von Einzelbeschwerden, berechtigten und unberechtigten.

Dies alles ist doch aber wenig als Ursache für einen allgemeinen Ausstand. Die Disposition daür ist nicht zum kleinsten Teile, trotz der Ableugnung des Gewerkvereinsführers, mit dem ich die Unterhaltung geführt habe, in der Agitation der Gewerkschaftsredner, natürlich in besonders hohem Maße der sozialdemokratischen Agitatoren zu finden, da sind alle Einzelunzuträglichkeiten aufgebauscht und verallgemeinert worden, seit Jahren ist den Arbeitern immer wieder vorgetragen worden, ein wie elendes Leben sie führen, das hat auf die Länge der Zeit seine Wirkung nicht verfehlt, namentlich wenn man sieht, wie kritiklos die Masse der Bergarbeiter alle solche Schilderungen aufnimmt und im Weitertragen noch verstärkt. Gerade jetzt laufen die verschiedensten Schauergeschichten unter den Streikenden umher und werden von Mund zu Mund immer noch größer; auf verschiedenen Bergarbeiterversammlungen haben die Führer sich schon veranlaßt gesehen, vor dem leichtsinnigen Weitererzählen und Glauben solcher Märchen zu warnen. Jetzt warnen sie, da diese Märchen ihnen schädlich werden, früher haben sie die Phantasie der Bergleute üppig wuchern lassen.

Zu diesen sachlichen Gründen und der allgemeinen dem Ausstand günstigen Disposition, wie sie die Agitation der Arbeiterführer geschaffen hat, sind dann noch zwei besondere Gründe gekommen, die die Bergarbeiterschaft, ich möchte sagen, nervös gemacht haben, das Stillegen einer Anzahl von Zechen und die sich daran knüpfende maßlose

Agitation im Ruhrrevier, die namentlich auch in den ja allerdings in ihren Interessen geschädigten, einflußreichen Budikern und Gastwirten eine starke Stütze fand, und dann die Wurmkrankheit und deren Bekämpfung. Die Kur, der sich ein großer Teil der Belegschaft hat unterziehen müssen, ist recht angreifend, und auch hier hat die gewerbsmäßige Agitation viel auf dem Gewissen, sie hat auch gegen diese gesundheitlichen Maßnahmen Mißtrauen und Verdrossenheit in die Kreise der Bergarbeiter hineingetragen.

Dies alles zusammen hat nach meiner Auffassung den Untergrund gegeben, auf dem die Streikstimmung immer stärker geworden ist und so konnte es geschehen, daß zwei wesentlich lokale Differenzen auf der Zeche Bruchstraße und Herkules den Anlaß geben konnten zu diesem beklagenswerten allgemeinen Ausstand, der nun schon in der zweiten Woche andauert und nicht nur den Beteiligten, sondern dem ganzen deutschen Erwerbsleben schwere Schädigungen bringt.

VII.

Essen, den 31. Januar 1905.

Heute sind nun 14 Tage seit der Erklärung des Generalstreiks verflossen, die Zahl der Ausständigen und der Arbeitswilligen ist in dieser Zeit fast unverändert geblieben. Weder ist eine irgend erhebliche Anzahl bisher zur Arbeit zurückgekehrt, noch ist es andererseits den Streikenden gelungen, die Arbeitswilligen zu sich herüberzuziehen; $^4/_5$ der Gesamtbelegschaft stehen im Ausstande, das letzte Fünftel ist bei der Arbeit geblieben. Ich habe schon wiederholt dargelegt, daß diese weiter Arbeitenden vielfachen Unbilden ausgesetzt sind, selbst da, wo schwerere körperliche Angriffe gegen sie bisher nicht oder nur vereinzelt vorgekommen sind. Allein das Beschimpfen, Ausspeien und die anderen Verachtungsbezeugungen, die Notwendigkeit, in geschlossener Kolonne, von Schutzleuten und Gendarmen geleitet, durch die Reihen der Ausständigen zu und von der Zeche zu gehen, dies alles sind sehr große Erschwerungen, unter denen die Arbeitswilligen ihrer Tätigkeit jetzt nachgehen müssen. Um wenigstens einen teilweisen Ausgleich für die erlittenen Unbilden zu gewähren, haben eine Reihe von Zechenverwaltungen nunmehr in Aussicht genommen, denjenigen ihrer Arbeiter, die während des Januar dauernd weiter gearbeitet haben, bei der nächsten Lohnzahlung eine Zulage als Prämie zu gewähren.

Diese nächste Lohnzahlung bringt den Streikenden das letzte Geld für die noch im Januar verfahrenen Schichten, zumeist wohl auch die Abkehr von ihrer Zeche, damit tritt dann der Ausstand in den neuen Abschnitt, in dem nun Not und Mangel bei den Bergarbeitern und in ihrer Familie einkehren werden. Es kann nur die Hoffnung ausgesprochen werden, daß die Streikenden bis dahin die Arbeit wieder aufnehmen, damit zugleich mit all dem Elend auch die blutigen Krawalle vermieden werden, die uns sonst sicherlich bevorstehen.

Die Gelsenkirchener Bergwerksaktiengesellschaft, die größte des Bezirks, hat mir die Lohnlisten offen gelegt, aus denen ich mir eine Reihe von Notizen nach eigener Wahl herausgezogen habe. Ich habe den Monat November gewählt, weil damals noch durchaus normale Verhältnisse bestanden und im Dezember durch die Weihnachtsfeiertage die Berechnungen etwas verschoben werden. Aus den ganz regellos herausgegriffenen Namen führe ich die folgenden an:

Der Kohlenhauer Friedr. W. ist auf Schacht Rheinelbe I/II beschäftigt; er hat im November 24 Schichten verfahren, dabei, nach Abzug der Auslagen für Oel und Pulver, 129,10 M., also in jeder Schicht 5,37 M. verdient. Der auf derselben Schachtanlage beschäftigte Kohlenhauer Theodor J. hat im November für 29 Schichten 153,60 M. erhalten. Auf Schacht Rheinelbe III hat der Kohlenhauer Friedr. J. für 23 Schichten 129,10 M., auf Schacht Alma der Kohlenhauer Arnold Kn. in 25 Schichten 131,10 M. und der Joh. Li. sogar, das ist aber ein den Durchschnitt übersteigender Verdienst, in 29 Schichten 174,40 M., für die Schicht also 6,06 M. erhalten.

Ich habe dann auch einige Löhne der anderen Arbeiterkategorien, auch diese völlig nach freier Wahl und wie sie mir der Zufall beim Durchblättern der Listeu bot, ausgezogen. Der Gesteinshauer Franz W. erhielt für 27 Schichten 144,50 M., Friedrich Chm. für 26 Schichten 124,20 M. Beide sind auf dem Schacht Rheinelbe I/II beschäftigt.

Die Schlepper verdienen natürlich erheblich weniger, es sind dies meist jüngere Arbeiter zwischen 18 Jahren und Anfang der zwanzig, wie ich dies bei einzelnen auch wieder durch Ermitteln ihrer Personalien festgestellt habe.

Der Schlepper Leo Kn. hat in 26 Schichten 83,20 M., das heißt für die Schicht 3,20 M., der Schlepper Wilh. Kr. in 24 Schichten 96 M., in der Schicht also 4 M., und der Schlepper Michael Zi. in 29 Schichten 81,20 M., für die Schicht also 2,80 M. verdient; dieser niedrigst gelohnte ist 18 Jahre alt. Alle drei sind auf Rheinelbe I/II beschäftigt. Diese Einzelangaben dürften immerhin ein Bild über die monatlichen Einnahmen der einzelnen Kategorien der Bergarbeiter gewähren. Die Durchschnittslöhne der einzelnen Gruppen stellten sich beispielsweise auf den Schachtanlagen Rheinelbe I/II und Rheinelbe III im Jahre 1904 folgendermaßen, wobei ich immer den entsprechenden Lohnsatz für 1903 in Parenthese setze:

Auf Rheinelbe I/II verdienten durchschnittlich in jeder Schicht, abzüglich der Ausgaben für Oel und Pulver, im Jahre 1904 die Kohlenhauer 5,12 M. (1903: 5,02 M.), die Gesteinshauer 4,81 M. (5,10), die Reparaturhauer 3,74 M. (3,66) und die Schlepper, Bremser usw. 3,07 M. (2,95).

Auf Rheinelbe III stellten sich die Durchschnittslöhne derselben Kategorien im Jahre 1904 für die Kohlenhauer 5,26 (1903: 5,15), die Gesteinshauer 5,17 (5,08), die Reparaturhauer 3,84 (3,78) und die Schlepper, Bremser usw. 3,11 (3,08) M.

Wie hieraus ersichtlich ist, und dies stimmt auch mit den allgemeinen Durchschnittszahlen der amtlichen Statistik für den ganzen Bezirk überein, hat — abgesehen von einer Einzelkategorie auf Rheinelbe I/II — überall ein Steigen der Löhne im Jahre 1904 gegen 1903 stattgefunden und man wird mir auch wohl beistimmen, wenn ich die Monatsbeträge der Löhne für normale Verhältnisse als durchaus auskömmlich bezeichne. Tatsächlich ist mir denn auch selbst von Führern der Arbeiter zugegeben worden, daß die Durchschnittslöhne der Bergarbeiter genügend sind.

VIII.

Essen, den 1. Februar 1905.

Seilfahrt und Wagennullen sind in den letzten Wochen in weiten Kreisen bekannte Ausdrücke geworden; es mag darum gestattet sein, kurz ihre Bedeutung darzulegen. Die Aufzüge in den Häusern sind allgemein bekannt, in ähnlicher Weise geschieht auch die Beförderung der Bergleute und der Lasten in die Grube und aus ihr heraus, nur daß das Gehäuse, in dem die Bergleute herauf und herunter gezogen werden, an einem sehr starken Seile hängt, das über eine Haspel läuft. Es ist klar, daß das Hinablassen und Heraufziehen immer nur kurze Zeit dauert; da aber jedesmal nur eine bestimmte, von der Bergpolizeibehörde festgesetzte Zahl an der Seilfahrt teilnehmen darf, so dauert die gesamte Ein= und Ausfahrt doch je nach der auf den betreffenden Schacht angewiesenen Belegschaft eine längere Zeit. Wird die Belegschaft, die durch den Schacht ein= und ausfahren muß, vermehrt, so gibt es nur zwei Möglichkeiten, entweder die Zahl derjenigen, die die Seilfahrt jedesmal benutzen dürfen, zu erhöhen, das hat natürlich sehr schnell an sicherheitspolizeilichen Gründen seine Grenze, oder aber die Zeit der Seilfahrt zu verlängern. Hier besteht nun eine alte Differenz zwischen dem bergbaulichen Verein und den ihm angeschlossenen Zechen einerseits und andererseits den Bergarbeitern. Schon in der Erklärung vom 18. Mai 1889 am Ende des damaligen großen Streiks stellte der bergbauliche Verein als die Auffassung der von ihm vertretenen Zechen hin, daß die Seilfahrt zwar in der Regel nur eine halbe Stunde dauern solle, daß die etwa notwendige Verlängerung aber zu Lasten der Belegschaft gehen müsse, während die Bergarbeiter oder wenigstens deren Führer auch damals verlangten, daß die Verlängerung der Seilfahrt durch Verkürzung der Arbeitszeit wettgemacht werde. Im Jahre 1889 schien es eine Zeitlang, als solle der bereits zu Ende gehende Streik an dieser

Differenz wieder aufflackern, schließlich fügten sich die Bergarbeiter, die Anschauung des bergbaulichen Vereins drang durch und genau nach der damals öffentlich kundgegebenen Auffassung hat auch die Verwaltung der Zeche Bruchstraße im Anfang dieses Jahres gehandelt. Die Gründe, welche die Zechen dazu führen, gegen eine Verkürzung der eigentlichen Arbeitszeit unter acht Stunden anzukämpfen, sind in den letzten Wochen vielfach erörtert worden, die erhöhten Selbstkosten, die verminderte Förderung würden eine Anzahl Zechen unter das Niveau der gerade noch vorhandenen Rentabilität herunterdrücken, bei anderen den schon jetzt vorhandenen Verlust noch größer machen. Jetzt soll nur dargelegt werden, daß die auch in den Parlamenten mehrfach lautgewordenen Vorwürfe, als wenn die Zechenverwaltung Bruchstraße die Zusagen des bergbaulichen Vereins von 1889 gebrochen habe, nicht zutreffend sind.

Das Wagennullen ist auch im Ruhrrevier nicht allgemein üblich, eine Anzahl von Zechen haben es schon jetzt abgeschafft und wenden statt dessen Geldstrafen an; selbst innerhalb der Zechen derselben Gesellschaft besteht keine Einheitlichkeit, so wird beispielsweise auf drei Schachtanlagen der Gelsenkirchener Bergwerks-Aktiengesellschaft das Wagennullen nicht geübt. Die meisten Betriebsführer und Direktoren halten aber an dem Wagennullen fest, weil sie es für die gerechteste und mildeste Strafe für schlechte Arbeit erachten, namentlich um deshalb, weil sie der Ansicht sind, daß es schwer möglich ist, in solchen Fällen den eigentlich Schuldigen festzustellen, und daß es daher richtiger ist, die Gesamtheit der zusammen Arbeitenden und Verdienenden, die Kameradschaft, zu bestrafen, da diese am besten in der Lage ist, gegenseitig Kontrolle zu üben. Wird zugegeben, was doch kaum zweifelhaft sein kann, daß für schlechte und leichtsinnige Arbeit Strafe sein muß, dann hat auch das maßvolle Wagennullen in der Tat manche Vorteile für sich. Auf den Schächten der Gelsenkirchener Bergwerks-Aktiengesellschaft, die das Wagennullen als Strafe gebrauchen, sind im letzten Jahre 0,53 % der gesamten Wagen genullt worden, und es ist weiter berechnet worden, daß der Lohnausfall für jeden genullten Wagen durchschnittlich 1,07 M. betragen hat. Wenn nun, wie weiter festgestellt ist, in jeder Schicht durchschnittlich fünf Wagen von jedem Hauer gefördert werden, so entfallen auf jeden Hauer bei 25 Schichten im Monat 125 Wagen, es würde dann durchschnittlich auf den Hauer im Monat eine Strafe von 72 Pf. kommen, wobei zu bemerken ist, daß diese Strafe in die Unterstützungskasse für die Arbeiter fließt. Berücksichtigt man, daß als Geldstrafen, die an Stelle des Nullens treten, doch wohl wenigstens 50 Pfg. als Mindestmaß festgesetzt werden müssen, so erscheint es sehr fraglich, ob die Bergarbeiter bei allgemeiner Anwendung von Geldstrafen sich besser stehen werden, zumal auch bei Verhängung von Geldstrafen das ganze übrige Verfahren, die Prüfung der geförderten Kohlen durch untere Beamte, die Entscheidung durch diese darüber, wann der Wagen als schlecht gefördert zu erachten und wann deshalb die Geldstrafe festzusetzen sei, im wesentlichen dasselbe bleiben wird, wie bei dem Wagennullen. Werden die Geldstrafen aber sehr gering angesetzt, so liegt es im Interesse der Bergarbeiter, sich mit der Reinigung der Kohlen nicht aufzuhalten, da andererseits der Konsum reine Kohlen verlangt, werden für das Reinigen besondere Arbeitskräfte bestellt werden müssen und dies kann zu einem Herabdrücken der Gedingesätze führen, unter denen dann auch der fleißige und sorgfältige Hauer leiden muß. Die Frage der Abschaffung des Wagennullens ist also recht kompliziert, immerhin ist sie keine prinzipielle Differenz zwischen beiden Teilen, vielleicht sehnt sich die Belegschaft aber später nach dem jetzigen Zustand wieder zurück, wenigstens von der Beteiligung am Streik hat die Abschaffung des Wagennullens nicht abgehalten, auch die Belegschaften derjenigen Zechen, die das Wagennullen nicht üben, stehen im Ausstande.

IX.

Essen, den 3. Februar 1905.

In der Reichstagssitzung vom 1. Februar hat der Herr Saatssekretär des Innern, Graf von Posadowsky, die streikenden Arbeiter wegen ihres ruhigen und gesetzmäßigen Verhaltens mit Lob überschüttet, Mißhandlungen von Arbeitswilligen finden, wie ihm der Herr Handelsminister versichert hat, kaum statt, jedenfalls handle es sich nur um Vorkommnisse, wie sie sich bei Zusammensein größerer Arbeitermassen tagtäglich und überall ereignen.

Der Herr Staatssekretär ist doch von seinem Kollegen, dem Herrn Handelsminister, nicht ganz richtig unterrichtet worden. Allerdings ist es zutreffend, daß die Bergarbeiter bisher gute Disziplin halten; soweit mir bekannt, sind nur drei oder vier schwere Ausschreitungen zu verzeichnen, daneben laufen aber die zahlreichen kleinen Raufereien, Beschimpfungen, Verhöhnungen der Arbeitswilligen; in den früheren Berichten habe ich deren Lage gegenüber den Ausständigen mehrfach geschildert. Gewiß sind das in der Mehrzahl keine schweren Verbrechen, obwohl doch auch eine Reihe gerichtlicher Urteile mit mehrwöchentlicher und mehrmonatiger Gefängnisstrafe bekannt geworden sind, Erkenntnisse, die beweisen, daß auch ernstere Schädigung der Arbeitswilligen vorkommt. Aber sind denn diese Bedrohungen, Beschimpfungen und Verletzungen der Arbeitswilligen irgendwie auf gleiche Stufe zu stellen mit Schlägereien und Beschimpfungen, wie sie unter den Bergarbeitern auch sonst vorkommen mögen? Liegt hier nicht ein schweres Verkennen der Art und des Zweckes dieser Schädigungen und der Aufgabe des Staates dagegen auf seiten des Herrn Grafen von Posadowsky und des Herrn Handelsministers vor? Sonst sind die Schlägereien gewissermaßen Privatsache der Beteiligten, die Einschüchterung der Arbeitswilligen ist aber ein Teil des Systems, nach dem die Führer der Ausständigen operieren und operieren müssen. Die Führer mögen nicht jede Art der Einschüchterung billigen, daß aber gerade auch für die Arbeitswilligen das Wort gilt: Und folgst du nicht willig, so brauch ich Gewalt, das muß jeder, der in die Streikpraxis auch nur flüchtig hineingesehen hat, ohne weiteres zugeben.

Ist nun aber die Aufgabe des Staates gegenüber solchen Bedrohungen und Einschüchterungen, die dem Arbeitswilligen das Gefühl und die Ueberzeugung verschaffen sollen, daß nicht der die Rechtsordnung schützende Staat, sondern die Ausständigen und ihre Führer die stärksten Machtmittel gegen ihn haben, nicht eine völlig andere, wie gegenüber den, ich möchte sagen, alltäglichen Beschimpfungen und Schlägereien? Ich glaube, daß die Arbeitswilligen verlangen und erwarten können, daß die leitenden Staatsmänner die Unbilden, die sie ertragen müssen, weil sie im Vertrauen auf die starke

Hand des Staates, versuchen, ihrer friedlichen und erlaubten Tätigkeit nachzugehen, etwas schwerer nehmen als es anscheinend der Fall ist. Daß die Ausständigen sich innerhalb der gesetzlichen Ordnung halten, ist, bei Licht besehen, doch nichts was eines besonderen hohen Lobes wert ist, sondern lediglich ihre Pflicht und Schuldigkeit, in einem geordneten Staatswesen dürfen wirtschaftliche Kämpfe nur innerhalb und nicht unter Niederreißen der staatlichen Gesetze ausgekämpft werden. Vielleicht wäre es daher nicht ganz unangebracht, wenn der Herr Staatssekretär des Innern und der Herr Handelsminister bei nächster Gelegenheit nun auch einmal ein gutes Wort für die Arbeitswilligen haben, die durch ihre Tätigkeit zugleich auch dafür sorgen, daß die Streikenden am Ende des Streiks nicht ersoffene und zu Bruch gegangene Gruben vorfinden, sondern wieder alsbald Arbeitsgelegenheit erhalten können.

X.

Essen, den 6. Februar 1905.

Schon in der gestrigen stark besuchten Bergarbeiter-Versammlung in Bochum kündigte der Reichstags-Abgeordnete Sachse an, daß die Siebenerkommission sich erneut an den Bergbaulichen Verein wenden werde. Der Telegraph hat inzwischen den Schriftwechsel zwischen der Kommission und dem Bergbaulichen Verein bereits verbreitet. Zweifellos ist es ein sehr geschickter Schachzug der Siebenerkommission gewesen, erneute und verminderte Anträge an den Bergbaulichen Verein zu stellen, die Mittel der Streikenden sind ziemlich zu Ende, das Ergebnis der Sammlung zur Unterstützung der ausständigen Bergleute ist ganz unzureichend geworden; was sollte nun geschehen, zumal sich in den letzten Tagen in weiten Kreisen der Oeffentlichkeit eine ruhigere und gerechter abwägende Beurteilung des Streiks und seiner Berechtigung zeigte. Da ist es von der Siebenerkommission oder, wohl richtiger gesagt, ihren politisch erfahrenen Beratern taktisch sehr zweckmäßig gewesen, den Bergbaulichen Verein vor die Alternative zu stellen, entweder abzulehnen oder seinen bisherigen Grundsätzen völlig untreu zu werden.

In diesem letzten Falle hatten die Organisationen das Objekt des Kampfes, das für sie der wesentliche Inhalt des erhofften Sieges sein soll, die Anerkennung der Organisation als Vertreter der Gesamtbelegschaft, errungen, im Falle der Ablehnung konnte die wankende Sympathie des Publikums wieder gefestigt und der Kampfesmut der Ausständigen unter Hinweis auf die vergebliche Versöhnlichkeit der Siebenerkommission gestärkt werden. Wie gesagt, ein geschicktes, taktisches Mittel, dieser Antrag, weiter aber auch nichts. Denn daß die Antwort des Bergbaulichen Vereins ablehnend ausfallen werde und, nach der von den in ihm vereinigten Zechenverwaltungen von Anfang an eingenommenen Haltung, ablehnend ausfallen mußte, das war der Siebenerkommission zweifellos von vornherein klar. Rein ökonomisch betrachtet, ist der Streik für die Bergleute ja schon heute völlig verloren, sie werden bedingungslos die Arbeit wieder aufnehmen müssen, insoweit die Zechenverwaltungen ihnen nicht freiwillig Zugeständnisse machen.

In einer Bergarbeiter-Versammlung heute vormittag sagte der Redner, noch 5—6 Tage mögen die Bergleute im Ausstande ausharren, dann sei der Streik zu Ende und siegggekrönt könnten sie die Arbeit wieder beginnen. Das glaube ich auch, daß spätestens im Laufe nächster Woche der Ausstand zusammenbricht, aber gegenüber den Zechen werden die Arbeiter nichts, gar nichts durchgesetzt haben; denn immer wieder ist das zu betonen, daß die Verwaltungen von vornherein sich bereit erklärt haben, die einzelnen Unzuträglichkeiten und Mißstände, die sich hier und da eingeschlichen haben mögen, unnachsichtlich zu beseitigen, sobald ihr Bestehen nachgewiesen wird; gerade um deshalb haben sie ja die staatliche Untersuchung wiederholt dringend verlangt. Insoweit im übrigen den Wünschen der Streikenden entgegengekommen wird, geschieht dies lediglich durch das Eingreifen der Gesetzgebung. Und auch hier zeigt sich doch bei namhaften Politikern, die noch etwas mehr Sinn für Recht und Gerechtigkeit haben wie der den Kontraktbruch beschönigende Reichsgerichtsrat Spahn, in der letzten Zeit wachsende Bedenklichkeit, ob es denn richtig ist, aus denselben unklaren Stimmungen heraus, aus denen dieser unglückselige Ausstand geboren ist, auch tiefgreifende gesetzgeberische Eingriffe in das wirtschaftliche Leben der deutschen Industrie vorzunehmen. Nun wird in den nächsten Tagen über die Ablehnung des Bergbaulichen Vereins wieder in Reden und Zeitungsartikeln kräftig gescholten werden. Erfordert es nicht eigentlich die Billigkeit, auch einmal zu fragen, ob denn Grundsätze heute so billig wie Brombeeren sind, daß das Publikum und die Presse die Stellung sämtlicher Leiter und Führer des Ruhrkohlenbergbaues mit Worten wie Trotz und Unternehmerhochmut glaubt abtun zu können? Gegen die Flut der öffentlichen

Meinung anzukämpfen ist immer undankbar und nicht leicht; geschieht es, wie hier, einmütig von den gesamten Zechenverwaltungen, so können diese doch auch verlangen, daß ihre Gründe von der Oeffentlichkeit sachlich geprüft werden. Das ist bisher nur in ganz unzureichendem Maße, auch nicht von der Staatsregierung, geschehen. Zunächst muß doch immer wieder und wieder hervorgehoben werden, daß bei Beginn des Ausstandes noch lange nicht die Hälfte der Bergarbeiter Organisationen angehörten, daß diese Organisationen also niemals den Anspruch erheben konnten, als legitimierte Vertreter der Gesamtbelegschaft angesehen zu werden. Darum handelt es sich aber hier. Die Organisationen, die außerdem auch unter sich uneinig sind, beanspruchten und beanspruchen noch heute, die zehntausende unorganisierter Arbeiter mundtot machen zu dürfen und das von Rechtswegen. Auch heute noch ist kein einziger Vertrauensmann der Unorganisierten in der Siebenerkommission. Jetzt soll nun derselbe Streik, der gegen den Willen der Organisationen ausgebrochen ist, der nach den eigenen Angaben der Arbeiterführer von Unorganisierten und Renitenten angezettelt worden ist, dieser Streik soll dazu dienen, den Organisationen die Befugnis zu verschaffen, als alleinige Vertreter der Belegschaft gegenüber den Zechen zu gelten, die Unorganisierten in die Organisationen hineinzuzwingen oder mundtot zu machen, und dies alles läßt sich nicht nur die öffentliche Meinung aufreden, sondern auch die Staatsregierung läßt sich zu gesetzgeberischen Aktionen drängen, über deren Wert oder Unwert man verschiedener Ansicht sein kann, die aber jedenfalls niemals in den Ursachen dieses Streiks ihre Begründung finden können.

Die Tatsachen, wie sie bei nüchterner Betrachtung vorliegen, ergeben doch jedenfalls die Berechtigung der Stellungnahme des Bergbaulichen Vereins in folgenden Punkten: Der Ausstand ist gegen den Willen der Organisationen ausgebrochen, fast die Hälfte der Streikenden gehörte, wenigstens bei Beginn des Ausstandes, den Arbeiterorganisationen überhaupt nicht an, die Siebenerkommission ist jedenfalls zur Vertretung dieser 80- bis 90 000 Bergarbeiter in keiner Weise berufen, und mit ihrer Anerkennung als der berufenen Vertreterin der Gesamtbelegschaft würden die Zechen gleichzeitig die völlige Einflußlosigkeit, ja geradezu die Rechtlosigkeit der Nichtorganisierten, vor allem also der Arbeitswilligen, zugeben und sanktionieren. Das kann ihnen doch kaum zugemutet werden.

Soeben werden die Telegramme bekannt gegeben, die zwischen der Siebenerkommission und dem Herrn Reichskanzler gewechselt worden sind. Sie geben mir keinen Anlaß, an den vorherigen Ausführungen etwas zu ändern. Ein geschickter Kopf, der die letzten Beschlüsse der Siebenerkommission eingegeben und redigiert hat. Was wird denn nun noch verlangt? Daß die Bergarbeiter auf anständige Behandlung seitens ihrer Vorgesetzten Anspruch haben, ist doch von niemand jemals bezweifelt worden; wie kann aber verlangt werden, eine derartige Selbstverständlichkeit allgemein festzulegen? Damit würden die Zechen ja zugeben, daß tatsächlich und mit ihrem Wissen und Willen die Behandlung bisher nicht so gewesen ist, wie es sich gehört. Das behaupten die Streikenden ja selbst nicht, sie klagen über Uebergriffe einzelner, auch vieler einzelner Unterbeamten, hier wird doch aber, wie ich schon früher hervorgehoben habe, nur im einzelnen Falle geholfen werden können und die oberen Beamten der Zechen werden noch sorgfältiger und umfassender wie bisher Kontrolle üben müssen, darüber hinaus kann nach dieser Richtung kaum etwas geschehen. Räudige Schafe gibt es überall und schlechte Beamte können nur durch sorgfältige Kontrolle möglichst in Schranken gehalten und im schlimmsten Falle als ungeeignet entfernt werden, aber auch der Beamte kann beanspruchen, ebenso wie der Arbeiter, human behandelt zu werden und es ist in hohem Maße von den Arbeitern unbillig, wenn sie verlangen, daß jedes schnelle Wort eines Beamten hart, womöglich mit Entlassung aus dem Dienste bestraft werden soll, während sie selbst sich gerade über zu schnelle und häufige Strafen beklagen.

Daß den Bergarbeitern gute Deputatkohle, d. h. Kohle mittlerer Qualität, zu liefern sei, ist ebenso selbstverständlich und niemals bestritten. Nur sei auch hier angemerkt, daß die Lieferung von Deputatkohle zwar üblich, aber keine vertragliche Verpflichtung, sondern eine freiwillige Leistung der Zechen ist.

Der Wunsch auf allgemeine 15prozentige Lohnerhöhung ist nach den eigenen bisherigen Erklärungen der Arbeiterführer ganz unberechtigt. Die jüngeren Arbeiter beziehen schon jetzt recht ansehnliche Löhne, 80—90 M. monatlich für einen 17- bis 19jährigen jungen Mann scheint mir durchaus auskömmlich zu sein; aber auch die Hauer erkennen selbst an, daß sie zum Teil mit ihren Löhnen zufrieden sein können; einer der hervorragendsten Führer der Arbeiter hat es mir selbst bestätigt, daß nicht die Höhe der Durchschnittslöhne, sondern die Ungleichmäßigkeit der Löhne, daß der eine reichlich, der andere bei gleicher oder schwererer Arbeit erheblich weniger verdiene, Anlaß zur Unzufriedenheit gegeben habe.

Der vierte Wunsch, daß bei Nichteinigung über das Gedinge nicht der ortsübliche Tagelohn ausgezahlt werde, scheint mir insoweit berechtigt, da der Hauer im Nichteinigungsfalle allerdings durch den niedrigen Ersatzlohn benachteiligt sein kann; der weitere Wunsch, daß dann der Durchschnittslohn gleichartiger Arbeiten gewährt werden solle, ist allerdings praktisch nicht durchführbar, da darüber, was eine „gleichartige Arbeit" ist, kaum jemals eine Einigung zu erzielen sein würde; jedenfalls wird sich hier aber eine alle Teile befriedigende Fassung unschwer finden lassen.

Endlich der Wunsch, daß keine Maßregelungen stattfinden sollen. Für die große Masse der Streikenden gewiß nicht, aber kann es einem Betriebsführer, einem Zechenbeamten zugemutet werden, einen Streikenden wieder aufzunehmen, der ihn und seine Verwaltung öffentlich in der schnödesten Weise beschimpft hat, der Arbeitswillige angegriffen hat oder dergleichen. Auch hier muß unterschieden werden und nur weichherzige Sentimentalität, daß nun alles vergeben und vergessen sei, kann sich über die Anforderungen der Disziplin und der Selbstachtung hinwegsetzen.

Uebrigens enthält das Programm der Siebenerkommission nichts darüber, daß nun auch die Streikenden den Arbeitswilligen nichts nachtragen werden. In Summa, die Anträge der Siebenerkommission enthalten teils Unerfüllbares, wie die allgemeine Lohnerhöhung, teils Selbstverständliches, das aber in unzulässiger Weise verallgemeinert wird.

Die Forderungen sind mit unleugbarem agitatorischen Geschick aufgestellt, sollen aber doch nur die drohende Niederlage gegenüber den Zechen in der Oeffentlichkeit und vor den Arbeitermassen verhüllen.

XI.

Essen, den 9. Februar 1905.

Der Streik ist beendet. Die Delegierten der Bergarbeiter haben fast einstimmig die Wiederaufnahme der Arbeit beschlossen. Wohl findet dieser Beschluß unter den Bergleuten selbst mannigfach Opposition und in üblicher Weise wurde den Delegierten bei ihrem Austritt aus dem Versammlungsraum von der auf der Straße wartenden Menge Verräter und Bestochene entgegengeschrieen, die Masse der Bergleute wird aber dem Beschlusse Folge leisten und die Arbeit wieder aufnehmen. Der Ausstand ist zu Ende. Gegenüber den Zechen selbst ist er völlig ergebnislos geblieben, weder ist es den Organisationen gelungen, ihre Anerkennung als Vertreter der Gesamtbelegschaft bei den Zechenverwaltungen durchzusetzen noch haben die Zechen auf irgend eine der Anforderungen der Streikenden hin Konzessionen gemacht, die Arbeit wird zu den alten Bedingungen aufgenommen werden. Und doch hat der Aufruf der Siebenerkommission der Ausständigen recht, wenn er behauptet, daß der Ausstand ihnen Erfolge gebracht habe. Aus unklaren Stimmungen und nicht genügender Kenntnis der tatsächlichen Verhältnisse heraus stellte sich die öffentliche Meinung in schroffer Weise auf die Seite der Streikenden; die im allgemeinen gute Disziplin, die die Ausständigen gehalten haben, hat diese Sympathie vermehrt und die Rücksicht auf die Stimmung der Wählermassen hat im Abgeordnetenhause und im verstärkten Maße dann im Reichstage zu Aktionen zu Gunsten der Streikenden geführt. So weit war die Entwickelung als wahrscheinlich vorauszusehen und in ähnlicher Weise hatten sich die Stimmungen auch 1889 bei Beginn des Streiks geäußert. Was nicht vorauszusehen war und was neu ist in unseren preußischen und deutschen Verhältnissen, das ist, daß sich auch die Reichs- und Staatsregierung Schritt für Schritt weiter drängen ließen, daß sie den Wünschen und Anschauungen der Ausständigen immer mehr entgegengekommen sind, obwohl offenbar sowohl der Handelsminister wie die Leitung der preußischen Staatsbergverwaltung bei Beginn des Streiks überzeugt waren, daß allgemeine Mißstände, zumal solche, die ein Eingreifen der Gesetzgebung erforderlich machen, nicht vorhanden sind. Die erste Rede des Herrn Handelsministers ist dafür vollgültiger Beweis. Wäre es anders, so würde der Vorwurf sich riesengroß gegen den Herrn Handelsminister erheben, daß er, nach eigener Aussage, den Ausstand hat kommen sehen und doch die gesetzgeberischen Maßregeln, die notwendig waren, nicht ergriffen hat. Aber dem ist eben nicht so, der Herr Handelsminister hat keine Aenderung der Gesetze vorgeschlagen, weil er sie nicht für nötig hielt, weil er wußte, daß schwere allgemeine Mißstände im Ruhrkohlenbergbau nicht bestehen und er schlägt sie jetzt vor, nur gezwungen von populären, unklaren Stimmungen und gezwungen von dem Druck der Parlamente und der Wählermassen der Streikenden. Die Zechenverwaltungen haben an ihren Grundsätzen festgehalten und das Ende des Streiks ruhig erwartet, die Ausständigen haben in ihrem Ausstande durch die versprochene gesetzgeberische Aktion Erfolg erzielt, der Besiegte ist die preußische Staatsregierung, sie hat, gegen ihre anfängliche bessere Ueberzeugung, dem Drängen des Publikums, und der beiden Parteien, des Zentrums und der Sozialdemokraten, im Parlament immer weiter nachgegeben, wieder ist dadurch ein großes Stück preußischer Staatsautorität verloren gegangen, das ist die Bilanz des Bergarbeiterstreiks von 1905. — Möge nun wenigstens wirklich Ruhe und Friede eintreten, unsere Hoffnung darauf ist aber nicht groß. —

Dr. Leidig.

Der Ausstand der Kohlenarbeiter und die Novelle zum Berggesetz.

Von H. A. Bueck.

Berlin, den 1. Februar 1905.

Bei der Beurteilung des Ausstandes der Bergarbeiter im rheinisch-westfälischen Kohlenrevier haben die politischen Parteien, hat die öffentliche Meinung in seltener Uebereinstimmung und mit großer Entschiedenheit Partei gegen die Arbeitgeber genommen. Das ist auch der Standpunkt der Regierung. Er fand scharfen Ausdruck in den von dem Handelsminister Möller am 30. Januar im Hause der Abgeordneten nach der „Köln. Ztg." gebrauchten Worten: er wolle nicht hoffen, „daß die Arbeiterführer und die aufgeregten Arbeitermassen auf die Dauer in gleicher Weise fehlerhaft verfahren werden, wie die Bergwerksbesitzer, indem sie, trotzdem sie wissen, daß die Hauptbeschwerden behoben werden, dennoch den Streik zu ihrem eigenen und dem allgemeinen Nachteil weiter fortführen".

In gleicher Weise! Wie ist denn die Weise der Arbeiter und ihrer Führer gewesen? Tatsache ist, daß die Arbeiter gegen den Willen der Führer, unter Kontraktbruch, viele von ihnen ohne Angabe von Gründen und ohne Forderungen zu stellen, den Ausstand begonnen haben. Wollten die Führer nicht von dem Strome der Bewegung fortgeschwemmt werden, so blieb ihnen nichts übrig, als sich an die Spitze zu stellen, die unerfüllbaren Forderungen zu formulieren und, als diese von den Arbeitgebern zurückgewiesen wurden, den allgemeinen Ausstand gut zu heißen und ihr gewohntes Geschäft wieder aufzunehmen, das heißt weiter zu hetzen.

Worin besteht nun das gleiche fehlerhafte Verfahren der Bergwerksbesitzer? Wir müssen zurückgreifen auf den großen Ausstand der Bergarbeiter im Jahre 1889. Nach dessen Beilegung wurde vom Staate eine Untersuchung veranstaltet, die sich von Zeche zu Zeche über das ganze Revier erstreckte. Der amtliche Bericht stellte fest, daß die behaupteten Mißstände im allgemeinen durchaus nicht, sondern höchstens ganz vereinzelt vorhanden gewesen waren. In der Folge richtete sich in voller Uebereinstimmung das Streben der Aufsichtsbehörde und Bergwerksbesitzer auf die gründliche Abstellung von vorgekommenen Mißständen. Vor allem wurde für das ganze Revier eine in den Hauptsachen gleiche, von der Aufsichtsbehörde gutgeheißene Arbeitsordnung eingeführt. Damit war den Führern der eigentliche Agitationsstoff entzogen; sie mußten sich nach einem anderen umsehen und leiteten ihn aus dem Umstande her, daß damals tatsächlich Verhandlungen mit sogenannten Vertretern der Arbeiter geführt worden waren. Im Anschluß hieran wurde von den Führern die weitere Tatsache, daß die meisten Forderungen der Arbeiter damals unerfüllt geblieben waren, darauf zurückgeführt, daß die in den Verhandlungen gemachten

Zusagen von den Bergwerksbesitzern nicht erfüllt, die Versprechungen nicht gehalten worden seien. Das ist auch jetzt wieder behauptet, aber unanzweifelbar als unrichtig erwiesen worden.

Die Verhetzung der Bergarbeiter wurde in dieser Weise von der Sozialdemokratie aufgenommen und, trotz der unverkennbaren stetigen Besserung der Lage der Arbeiter, Jahr für Jahr mit größter Schärfe fortgesetzt. Die Beweise hierfür liegen überreichlich in den Jahrgängen der Arbeiterpresse und den in diesen aufgehäuften Berichten über die sonntäglichen Versammlungen und die von den Führern gehaltenen Hetzreden. Das alles geschah hauptsächlich, um die Arbeiter in die Organisationen hineinzutreiben, um für alle Fälle gerüstet und stark zu sein. Den Fall selbst, den allgemeinen Ausstand wollte man vorläufig nicht. Aber die Bergwerksbesitzer sahen ihn mit Bestimmtheit kommen; die künstlich erzeugte Gärung mußte zum Ausbruch der Leidenschaften führen. Wenn die günstigere Zeit des Frühjahrs nicht abgewartet wurde, so lag das an zufälligen, den Ausbruch begünstigenden Ereignissen. Die Arbeitgeber waren auch bereits lange klar und einig über die von ihnen einzunehmende Haltung. Vor allem mußte der Fehler vermieden werden, durch Verhandlungen mit den sogenannten Vertretern der Arbeiter die Handhabe zu neuer Hetzarbeit zu liefern und damit, wie 1889, zu bewirken, daß die Arbeiter auch nach beendetem Ausstand nicht zur Ruhe kamen.

Daher haben jetzt nach dem Ausbruch des allgemeinen Ausstandes die Bergwerksbesitzer die Forderung der obersten Bergbehörde, mit den Vertretern ihrer kontraktbrüchigen Arbeiter kontradiktorisch zu verhandeln, ablehnen müssen.

Sie mußten dies auch tun in der unumstößlichen Ueberzeugung, daß durch solche Verhandlungen ihre Autorität den Arbeitern gegenüber einen niemals zu bessernden Schaden erleiden würde. Die Autorität des Arbeitgebers hat bisher als Axiom unserer Wirtschaftsordnung gegolten; es scheint, als wenn das jetzt anders werden soll.

Die Arbeitgeber aber haben durchaus nicht, wie die Nordd. Allg. Ztg. sich ausdrückt, einen „schroff ablehnenden Standpunkt" eingenommen. Diese leider von den Vertretern der Regierung aufgestellte Behauptung ist durchaus unzutreffend. Die Arbeitgeber haben vielmehr die oberste Bergbehörde dringend aufgefordert, sofort eine amtliche eingehende Untersuchung anzustellen; sie haben sich, wie jüngst den Berl. Neuest. Nachr. aus parlamentarischen Kreisen geschrieben wurde, „bereit erklärt, in alle Winkel hineinleuchten zu lassen und hineinleuchten zu helfen und jeden Mißstand, der etwa festgestellt werden sollte, zu beseitigen". Hier war mit größtem Entgegenkommen von den Bergwerksbesitzern der Regierung die Grundlage gegeben, auf der ihr anerkennenswertes, auf eine baldige Beendigung des Ausstandes gerichtetes Streben hätte erfolgreich einsetzen können.

Dieses Entgegenkommen der Bergwerksbesitzer war in einem Protokoll festgelegt, von dem der Handelsminister den Abgeordneten am 16. Januar Mitteilung machte. Erst am Montag den 30. Januar haben die allseitig gewünschten amtlichen Untersuchungen begonnen. Das Verhalten der Vertreter der Königl. Staatsregierung in der Zwischenzeit ist von maßgebendem Einfluß auf die Gestaltung der Verhältnisse gewesen.

Von den Vertretern der Ausständigen ist das Bestehen haarsträubender Mißstände im Bergwerksrevier behauptet worden. Auf Grund dieser Schilderungen ist die öffentliche Meinung einig darüber, daß die Bergarbeiter im Ruhrrevier ein elendes Leben führen, tief unter der Erde, im Wasser liegend, oder von qualvoller Hitze gemartert, ihre schwere Arbeit verrichten müssen bei kümmerlichem Lohn, um den sie noch oft genug durch das Wagennullen betrogen, dabei auch noch mit Gummischläuchen verprügelt werden.

Man hätte annehmen können, daß die Königliche Staatsregierung die Verpflichtung hätte erkennen müssen, solchen schweren Beschuldigungen gegenüber zunächst ihre örtliche Bergbehörde zur Berichterstattung aufzufordern und, vorbehaltlich der anzustellenden Untersuchung und deren Ergebnisse, diese Berichte zu veröffentlichen. Das ist nicht geschehen. Die Vertreter der Regierung haben das Bestehen solcher Mißstände ernstlich und entschieden nicht in Abrede gestellt, es vielmehr durch ihr Verhalten und besonders durch den angekündigten Inhalt einer Novelle zum Berggesetz zum bedeutendsten Teile zugegeben. Dadurch wesentlich ist die öffentliche Meinung zu ihrer feindseligen Stellungnahme den Arbeitgebern gegenüber geführt worden.

Dabei muß es das höchste Erstaunen erregen, daß die öffentliche Meinung das Bestehen einer staatlichen Aufsichtsbehörde für den rheinisch-westfälischen Bergbau, das Oberbergamt in Dortmund, gänzlich zu übersehen scheint.

König Friedrich Wilhelm I., der früher in den Schulen nur gezeigt wurde in dem Schatten seiner angeblichen Tyrannei dem Sohne gegenüber und seiner Vorliebe für die „langen Kerle“, dieser lange Zeit schwer verkannte Fürst hat einen der stärksten Grundpfeiler für die spätere Größe und Macht des preußischen Staates errichtet in der Begründung eines Beamtentums, um dessen opferwillige, unentwegte Arbeitswilligkeit, Gewissenhaftigkeit und Pflichttreue Preußen von der ganzen Welt beneidet wird.

Im Oberbergamtsbezirk Dortmund sind 18 mit der höchsten bergmännischen Ausbildung ausgestattete Revierbeamte, jeder mit 1 bis 2 Hilfsarbeitern mit gleicher Ausbildung und gegen 40 im praktischen Bergbau erprobte sogenannte „Einfahrer“, also etwa 80 Staatsbeamte angestellt, die zum Ressort des Oberbergamts Dortmund gehören und lediglich die Aufgabe haben, die in dem Bezirke vorhandenen rund 250 selbständigen Tiefbauanlagen zu überwachen. Ein solch peinlicher Ueberwachungsdienst, wie in Preußen für die Kohlen-Industrie, ist für keine andere Industrie in Deutschland und überhaupt in der ganzen Welt eingerichtet. Wenn die behaupteten und, wenigstens zum bedeutenderen Teile, von der Regierung mittelbar zugegebenen Mißstände im rheinisch-westfälischen Kohlenbergbau tatsächlich beständen, so müßte jene Aufsichtsbehörde seit Jahren von der guten preußischen Beamtentradition gänzlich abgewichen, ungetreu und pflichtvergessen gewesen sein und es würde, nach unserem Ermessen, die zunächstliegende Aufgabe des betreffenden Ministers gewesen sein, eine strenge Disziplinaruntersuchung gegen sie einzuleiten.

Am 27. Januar ließ die Regierung durch das Wolff'sche Telegraphen-Bureau die Mitteilung verbreiten, daß sie beabsichtige, außer den bereits früher angekündigten Aenderungen des Berggesetzes, dem Landtage demnächst den Entwurf eines Gesetzes vorzulegen, durch welchen der 3. Abschnitt des 3. Teiles des Allgemeinen Berggesetzes, soweit er von den Bergleuten handelt, einer Abänderung unterworfen werden soll. Diese Abänderungen würden sich auf die folgenden Gegenstände erstrecken: 1. Gesetzliche Regelung der Arbeitszeit beim Steinkohlenbergbau einschließlich der Seilfahrt, soweit dies durch sanitäre Rücksichten geboten ist; 2. gesetzliche Regelung des Ueber- und Nebenschichtwesens; 3. obligatorische Einführung von Arbeiterausschüssen; 4. Verbot des Nullens; 5. Begrenzung der Höhe der Strafen auf einen bestimmten Zeitraum.

Eine gesonderte Besprechung aller dieser Punkte wird bis zur Vorlage des Gesetzentwurfes aufzusparen sein, jetzt ist nur das Vorgehen der Königl. Staatsregierung an sich ins Auge zu fassen.

In der Sitzung des Reichstages am 23. Januar hatte der Abgeordnete Freiherr Heyl von Herrnsheim eine Anzahl von Vorschlägen für die Beilegung des Ausstandes im Ruhrrevier gemacht. Darauf erklärte der Handelsminister Möller sofort: „Jede Aeußerung über die Zulässigkeit von Vorschlägen, wie sie eben gemacht sind, würde eine Stellungnahme bedeuten, von der ich gegenwärtig absehen muß. Ich würde aber, wie ich am Sonnabend ausgeführt habe, jetzt noch der Meinung sein, Gesetze sollte man nicht ab irato machen. Aber wenn die Ruhe, wie ich hoffe, in nicht zu ferner Zeit zurückgekehrt sein wird, wird man ganz zweifellos die Lehren aus dem jetzigen Streik ziehen und dann wird die

Zeit gekommen sein zu erwägen, wo man auch gesetzliche Abhilfe schaffen muß."

Dieser durchaus berechtigte Standpunkt ist ungemein schnell und ohne besondere äußere Veranlassung aufgegeben worden. Am 30. Januar erklärte der Handelsminister im Hause der Abgeordneten mit Bezug auf die am 27. durch das Wolffsche Bureau verbreitete Mitteilung: „Nachdem der Antrag des Zentrums eingebracht worden, ist die Staatsregierung in der Lage gewesen zu erklären, daß sie im Begriff stehe, eine neue Novelle zum Berggesetz auszuarbeiten, die wesentliche Punkte der Beschwerde der Bergleute gesetzlich regeln will, nachdem sich herausgestellt hat, daß im Verhandlungswege nichts zu erreichen ist."

Demgemäß hatte die Königliche Staatsregierung beschlossen, einige der wichtigsten, in sozialpolitischer Beziehung bedeutungsvollsten Forderungen der Arbeiter auf dem Wege der Gesetzgebung zu bewilligen. Sie hatte diesen Beschluß gefaßt, noch bevor die Zeit der Ruhe zurückgekehrt war, noch bevor die amtlichen Untersuchungen darüber, ob die schweren Mißstände auf den Zechen vorhanden seien oder nicht, ihren Anfang genommen hatten

Offenbar war die Königliche Staatsregierung von der Voraussetzung ausgegangen, daß die Ankündigung des Gesetzes genügen würde, um die Ausständigen zu veranlassen, die Arbeit wieder aufzunehmen. Darin hat sie sich getäuscht. Vom „Vorwärts" wurde sie wegen ihres Gesetzentwurfes verhöhnt und die Ausständigen weisen die Zumutung, die Arbeit wieder aufzunehmen, entschieden zurück. Das Blatt des Führers der bekannten Siebener=

kommission der Ausständigen, des Abg. Sachse, die „sozialdemokratische Arbeiterzeitung“ vom 31. Januar, erklärte in heftigster Sprache und mit groben Beschimpfungen den „famosen Herrn Möller“ als den größten Feind der Bergarbeiter, und sagte u. a.: „Kein Mensch mit fünf gesunden Sinnen wird der preußischen Regierung auch nur eine Silbe auf ihr „ehrliches“ Gesicht hin glauben.“ Hierzu bemerkt der Berichterstatter der „Kln. Ztg.“ vom 1. d. M.: „Wenn auch etwas milder in der Form, aber grundsätzlich in derselben Richtung, predigten in den letzten Tagen auch die Redner vom christlichen Gewerkverein in den Arbeiterversammlungen.“ Die Führer wollen also unter jeden Umständen die Fortsetzung des Streiks. Die Königliche Staatsregierung hat ihren Hauptzweck verfehlt.

Was aber werden voraussichtlich die Folgen dieser Aktion der Königl. Staatsregierung sein?

Von praktischen Gesichtspunkten ist zunächst festzustellen, daß der angekündigte Gesetzentwurf die Bergwerksbesitzer zwingen soll, Forderungen zu bewilligen, durch welche die Selbstkosten der Kohlenförderung nicht unwesentlich erhöht werden würden. Das bedeutet die Verteuerung der Kohle und des weiteren eine Schwächung der Wettbewerbsfähigkeit der deutschen Industrie. Selbstverständlich kann die Erhöhung des Preises nur so weit stattfinden, als der Wettbewerb der ausländischen Kohle es zuläßt. Wird durch ihn der Preisaufschlag verhindert, so hat der Arbeitgeber nur ein Mittel in der Hand, in anderer Weise etwaigen Verlusten bezw. dem Erliegen des Betriebes vorzubeugen: er kann und muß den Arbeitslohn herabsetzen. So würde das Vorgehen der Königl. Staatsregierung unter Umständen zur Verschlechterung der Lage der Arbeiter führen. Dem könnte die Königl. Staatsregierung freilich vorbeugen, indem sie mit Hilfe der so höchst arbeiterfreundlichen, sozial so sehr vorgeschrittenen Mehrheit des Reichstages auch den Arbeitslohn gesetzlich festlegt; damit würde sie freilich ganz in die Bahnen und Ziele der Sozialdemokratie einlenken.

Im allgemeinen muß aber durch das Vorgehen der Königl. Staatsregierung bei der Sozialdemokratie und den Organisationen der Arbeiter überhaupt die Ueberzeugung hervorgerufen werden, daß sie mit ihrer Hetzarbeit, mit ihrem eisernen Willen und zuletzt mit dem inszenierten Ausstande die Königl. Staatsregierung bezwungen, gebeugt und unter ihr Joch gebracht habe. Das Selbstbewußtsein und das Machtgefühl der Sozialdemokratie wird dadurch unendlich steigen und ihr Ansehen bei den übrigen Arbeitern ungemein wachsen; sie werden ihr in Scharen zuströmen.

Diese gewaltige Errungenschaft wird die Organisationen der Arbeiter anderer Industrien unzweifelhaft anspornen die Erreichung ähnlicher Erfolge anzustreben; daher sind infolge des Vorgehens der Königl. Staatsregierung weitere große und verheerende Kämpfe in den anderen Industrien zu erwarten.

Der Eindruck auf die deutschen Arbeitgeber wird, wie heute schon zu übersehen ist, ungemein deprimierend sein. Sie müssen gewärtig sein, daß bei den voraussichtlichen künftigen Kämpfen die Regierung bezw. die Gesetzgebung sich auch in die Ordnung ihrer Arbeitsverhältnisse einschieben wird. Sie haben das Ende des Bestimmungsrechtes in ihren eigenen Unternehmen, das Aufhören ihrer Autorität vor Augen.

Diese Befürchtung wird durch die obligatorische Einführung der Arbeiterausschüsse wesentlich gesteigert werden, denn es würde nicht möglich sein, sie auf die Werke der Kohlenindustrie zu beschränken. Diese Einführung war bereits bei der Unfallversicherung geplant und bei Beratung der den Arbeiterschutz betreffenden großen Novelle zur Gewerbeordnung im Jahre 1891 beantragt worden. Bis jetzt hatte sich die Königl. Staatsregierung immer überzeugen lassen, daß die Arbeiterausschüsse nur Konventikel der Sozialdemokratie werden und daher gleichbedeutend sein würden mit einer staatlichen Organisation der Sozialdemokratie. Die Staatsregierung hat selbst bei dem großen Ausstande der Bergarbeiter im Saarrevier im Jahre 1893 erfahren, daß die dort gebildeten Arbeiterausschüsse sofort willige Werkzeuge des sozialdemokratischen Rechtsschutzvereins wurden. Diese Erfahrungen scheinen vergessen zu sein.

Solche Aussichten für die künftige Gestaltung der Arbeiterverhältnisse in Preußen und dem entsprechend auch im Reiche, müssen die verhängnisvolle Folge haben, daß jeder, der es anders kann, sich hüten wird, Kapital in deutschen gewerblichen Unternehmungen anzulegen. Deutschland hat einen gewaltigen Aufschwung genommen, sein Nationalvermögen ist in großen Dimensionen gewachsen. Aber so reich ist Deutschland doch noch nicht, daß es die werbende Kraft seiner industriellen produktiven Tätigkeit entbehren könnte. Ein Stillstand und Rückschritt auf diesem Gebiete würde nicht nur die Machtstellung unseres Vaterlandes, sondern auch seine in der allgemeinen Kultur eingenommene Stellung nachhaltig gefährden.

Der Ausstand im Ruhrgebiet schlägt unserem Wirtschaftsleben Wunden, die mit jedem weiteren Tage seiner Dauer schwerer werden. Wunden sind aber gewöhnlich zu heilen. Der angekündigte gesetzgeberische Eingriff der Regierung droht aber den Keim eines dauernden Siechtums in unseren Wirtschaftskörper zu pflanzen, an dem er zu Grunde gehen könnte.

Druck: Deutscher Verlag (Ges. m. b. H.), Berlin SW 11.

Kolibri 360 GmbH
Ferdinand-Jühlke-Straße 7
99095 Erfurt, Deutschland
produktsicherheit@kolibri360.de